从0到1学做短视频

王靖飞 ◎ 著

中国纺织出版社有限公司

内 容 提 要

在注意力稀缺的时代，短视频是一种表达方式更简单、视觉冲击更强烈的内容运营方式，且已成为营销手段的新风口。

本书一共分十章，分别从新手入门、人设塑造、算法逻辑、权重提升、内容输出、拍摄录制、剪辑制作、直播入口、社群运营、变现模式十个方面着手，详细阐述了短视频的人设、内容、拍摄和剪辑，重点介绍了算法推荐和权重提升这两个影响短视频账号的根本元素，更详细说明了短视频吸粉后的社群运营与变现方法。

本书结合案例说实战，配合图表写方法，是一本看了能懂、学了就会、用了有效的短视频运营技巧书，特别适合视频从业者、电商经营者和传统企业营销人员参考借鉴。

图书在版编目（CIP）数据

从 0 到 1 学做短视频／王靖飞著 . —— 北京：中国纺织出版社有限公司，2021. 1（2022.4重印）

ISBN 978–7–5180–8118–9

Ⅰ. ①从… Ⅱ. ①王… Ⅲ. ①网络营销 Ⅳ. ①F713. 365. 2

中国版本图书馆CIP数据核字（2020）第209746号

策划编辑：史　岩　　　　责任编辑：段子君
责任校对：高　涵　　　　责任印制：储志伟

中国纺织出版社有限公司出版发行
地址：北京市朝阳区百子湾东里 A407 号楼　邮政编码：100124
销售电话：010—67004422　传真：010—87155801
http://www.c-textilep.com
中国纺织出版社天猫旗舰店
官方微博 http://weibo.com/2119887771
三河市宏盛印务有限公司印刷　各地新华书店经销
2021 年 1 月第 1 版　　2022 年 4 月第 2 次印刷
开本：710×1000　1/16　印张：15
字数：183 千字　定价：55.00 元

短视频"霸屏"的时代来了

从2016年开始,以快手、抖音等为代表的短视频应用在青年群体中日益火爆,从地铁公交到工作环境或者饭馆,随处可见浏览短视频的用户,曾有调查显示,有49.1%的受访者表示每天花半小时浏览短视频。

从开始到发展,再到"火爆",短视频的成长速度不可谓不快,那么它究竟有什么魅力,能够吸引流量呢?

主要是由于时下互联网用户特征与需求的推动,当前互联网内容的呈现方式主要以图文信息、视频、直播为主。图文信息很容易引起用户的阅读疲劳,而且在如今快节奏的生活环境下,用户没有耐心阅读文章;传统视频、直播虽然具有一定的视觉冲击力,但不仅需要花费大量流量和时间,而且内容过于冗长,不能开门见山。另外,用户的碎片化时间已经被各类手机应用瓜分,大众正在失去长时间观看一个内容的耐心,取而代之的是一种短形式的新内容模式,在这种模式中,用户不断被前方出现的视觉冲击着,致使用户更容易被娱乐性、刺激性、碎片化的事物所吸引。

网络上有一个段子:"抖音一分钟,人间一小时。"讲的就是短视频的影响力,人们正被它深深地吸引着。在短视频火热的爆发中,很多企业也纷纷看到了短视频的热度,想要搭载这趟列车,获得红利。

　　火爆全网的短视频主播"李子柒"拍摄的短视频总播放量达10亿以上，全网用户2750多万，每年光广告收入就有5000万元，而她在天猫上开的"李子柒旗舰店"，在售产品虽然只有21款，但一年的销量就有130万元，总销售额高达7100万元。

　　Papi酱，在微博发布短视频后迅速走红，一则视频贴片广告，就被卖出2200万元。

　　除此之外，抖音电商达人榜的一些素人账号，就算用户只有几千、几万，照样日入30万元、50万元……

　　这些通过短视频获得成功的案例听起来很让人向往。于是，越来越多的媒体人、创业者前赴后继地进入短视频行业，希望自己也分上一波短视频内容的红利。事实上，任何一个风口都有无限的可能，但也有无限的失败，这条路注定充满坎坷。如何才能在短视频＋的风口中获得红利呢？如何打造爆款视频，成功引流呢？这需要专业的短视频流程运营指南。

　　本书将给迷茫的短视频运营者带来系统、专业的运营方案。作者从新手入门、人设塑造、算法逻辑、权重提升、内容输出、拍摄录制、剪辑制作、直播入口、社群运营、变现模式十个方面着手，教会大家如何从零基础运营短视频，到通过短视频变现。掌握每个环节的绝招和窍门，你的短视频就一定可以轻松引流、上热门、出爆款！

王靖飞

2020 年 10 月

目　录
contents

1 新手入门:

带你走进短视频的大门

要想做好短视频，必须要全面了解和熟悉短视频的基础信息和流程，从建立团队到掌握各个平台注册账号的流程，包括设置头像、签名等，都是我们需要了解的基础，只有基本功扎实了，才能进行更深度的短视频运营，否则等着我们的只有失败。

1.1 5G 时代的短视频，有无限可能

短视频是继文字、图片之后一种新型的互联网内容传播形式，而随着5G时代的到来，VR、人脸识别、动作捕捉等新视频技术应用的爆发，短视频以便捷的创作和分享方式获得了大众青睐。据北京贵士信息科技有限公司报告，2019年短视频用户规模已经超8.2亿。所以说，在移动互联网红利期逐渐消退的时代，短视频依然是迅速发展的新流量池，它会乘着5G风口引发下一波红利。

1.1.1 短视频的特征

短视频是指以新媒体为传播渠道，时长控制在5分钟以内的视频内容，它融合了语音、文字和视频，可以更加直观、立体地满足大众的表达、沟通需求，满足人们之间展示与分享的诉求，其主要有四个特点：

（1）快、精、简

短视频最大的特点就是"短"，它可以把主题浓缩在非常短的时间内，这很好地解决了内容繁杂、数据庞大的问题。而且相比于文字，视频内容更能传达出直观的信息，表现形式也更加多元丰富。和长视频相比，短视频拍摄和上传的速度更快。

（2）制作门槛低

短视频即拍即传，随时分享的特性大大降低了生产传播门槛，实现了制作方式最简化，一部手机就可以完成拍摄、制作、上传分享。另外在主流的短视频App中，都添加了滤镜、特效等功能，这些功能简单易懂，使得App使用门槛降低，制作过程更加简单。

（3）短视频更具感染力

一篇故事或者说明文，远没有一段展示故事画面和音图具有的短视频更容易为人所接受。文章能展现的只有文字，而视频能展现文字、画面、声音甚至特效于一体，更加具有感染性，可以让人更真切地感受到短视频传递的情绪共鸣。

（4）社交属性强

短视频不只是一种信息传递的方式，更是社交的延续。现在更多人通过短视频拍摄生活片段，分享至社交平台，短视频App内部也设有点赞、评论、分享等功能，为用户的分享提供了一个便捷的传播通道。

1.1.2 短视频满足了大众需求

调查显示，青年人仍然是短视频用户的"主力军"，他们的使用频率、时长、参与度都远远高于中年人，中年人的使用习惯正在培养，短视频受众正在向"全年龄"发展。而且浏览短视频的时间也正在向"全时段"蔓延，私人生活时间（18：00~23：00）及午休时间（12：00~14：00）是浏览短视频的高峰期。而且，除了深夜睡眠时间段（2：00~6：00）外，全天任何时段都有一定用户在浏览短视频。这主要是由于短视频能够适应人们碎片化的阅读习惯，满足了大众便利即时的操作需求。

另外短视频供大众浏览的内容也丰富多样，目前主要分为三大内容板块（见图1-1），但却几乎满足了大众的所有需求，在短视频上既可以获得自我提升，也可以打发休闲时间缓解压力。而且随着短视频商业化变现进程深入，其产品介绍/推荐类的内容也为用户免去了"挑选产品"的烦恼。

可以说，短视频不但满足了大众需求，而且也在逐渐改变着大众获取知识的方式以及消费习惯。短视频的快速发展，凭借其内容的丰富立体，满足人们平时对知识、对生活方式的认可，这也会逐渐取代之前的被动式接受信息的方式。

娱乐休闲

- 搞笑幽默
- 日常生活
  分享
- 才艺展示
- 影视作品
- 动物萌宠
- 手工/DIY
  ……

产品介绍/推荐

- 美食/餐厅/
  招牌菜推荐
- 美发/美妆
- 服装搭配
- 好物推荐
- 汽车
- 母婴
  ……

信息获取&自我提升

- 生活技巧
- 新闻资讯/
  时事热点
- 健康/健身
- 文化知识
- 学习教育
  ……

图 1-1　短视频内容的三大板块

1.1.3　5G 的到来为短视频行业发展奠定了基础

5G 是指第五代移动通信技术，它具有高速率、低延时、高密度等特点，据业内人士介绍，10Gb/s 的峰值速度，完全可以实现 4K 和 8K 视频的稳定传输，完全能支持更高效的信息传输、更快速的信号响应以及海量的终端接入，其迎合了短视频行业发展的需求，并奠定了相应的基础。

在内容上，迈入 5G 时代之后的短视频也在经历了去粗取精的阶段。它虽然改变不了内容，但智能化的信息分发让内容行业重新洗牌，优质内容会以更快的速度触达大众、扩散圈层，而无效、低质的内容也会被快速过滤。

今日头条 CEO 曾在接受采访时表示，对于内容创作者而言，短视频风口一直存在，大众更愿意消费这些小视频，尤其是现在网络已经不成问题，4G已经足以支持，到了5G时代，短视频更是顺应了时代的发展，所以说内容创作的风口一直存在。

在形式上，以前不敢想象的技术都已经在逐步实现，比如5G与VR的结合，VR的临场感、沉浸式的视听体验将得到加强，在短视频成为5G时代主流时，提高用户的视听感受是很重要的一环。

所以说，5G的到来为短视频行业发展奠定了一定的基础，在5G时代，短视频将有无限可能！

1.2 人、货、场的重构

西瓜视频的创作者"巧妇9妹"通过分享农村生活、美食等视频，获得了300多万用户，在西瓜视频上线电商功能"边看边买"后，不到一周时间，"巧妇9妹"的用户们就购买了她家里种植的9万多斤皇帝柑。

抖音平台创作者"正善牛肉哥"凭借着推荐自家产品的短视频，在用户积累到5万时，一个月通过卖货的收入就达到了200万元……

种种迹象表明，短视频和电商的结合已经是大趋势。人们不仅通过短视频进行内容上的消费，也越来越愿意通过这种更丰富形象的自媒体表现形式来购物。业内人士表示，相比传统电商的图文展示，短视频能帮助商品提高20%的转化率。新榜独家发布的《2019内容产业半年度报告》中也提到，视频种草效果是图文的两倍。

那么，是什么让短视频电商卖货如此火爆？要想找到答案，还要回到卖货最本质的三要素：人、货、场，短视频的出现重构了这三个核心要素的顺序，从传统电商的"货场人"到现在的"人场货"，接下来，让我们深度剖析一下到底为什么会发生这样的变化。

1.2.1 发挥"人"的节点效应

在做短视频电商之前,我们首先要想清楚三个问题(见图1-2),卖货的两端,是"关键人"和"买家"。整体结构在于如何利用"关键人"去影响你的"买家"。

在传统电商中,大部分买货的人都属于"必然买家",他们本身意愿就很强烈,只要做到合适的让利,就能促使他们埋单,但这种促销的本质,其实是在透支产品自身的影响力,用利润换销量,与卖货无关。

但"短视频"却是激发未知增量的途径,是决定"偶然买家"的关键人,因为大多数人来到短视频平台更多是为了消遣娱乐的,他们的"购买意愿"并不强烈。在这其中,KOL(意见领袖)或者KOC(消费领袖)能更好地将用户转化为"买家",并且实现社交点和情感点的结合。

> A) 你是谁?
>
> B) 你想影响谁?
>
> C) 你要带来的价值是什么?

图1-2 做短视频电商之前应该想清楚的三个问题

社交点就在于,用户作为"买家"有实时发言权;而兴奋点则是从内容出发,通过"内容+互动+产品+服务",触发用户的审美共鸣。

据《快手平台美妆行业营销价值研究》报告,短视频对于用户购买美妆产品的影响显著,超七成快手用户都会选择从短视频渠道获取美妆信息;近九成快手用户表示有意愿购买主播推荐的美妆产品。

比如"口红一哥"李佳琦,很多用户在看到他的短视频之前都没有要购买的意愿,但是看完他的视频之后,都表示"上头,很上头!"于是很多流量就转化成了销量。所以促使用户购买的，更多的是发挥"人"的节点效应。

1.2.2 "场"的未来是产品场景化

随着科技发展和平台级产品的迭代，线上购物会越来越接近于线下购物的体感，在短视频上卖货相当于是给用户搭建起一个身临其境的场景，从原始的商场、卖场变为现在的"场景"，在满足用户足不出户就可以便捷购物的同时，也让用户体验到了场景。

抖音创作者"超哥设计好房子"在为大家推荐自己定制的家具时，都会伴随一个使用场景以讲述产品的用途，这样可以让用户更有代入感。比如在推荐自己打造的"全能鞋柜"（见图1-3）这一家具时，就塑造了一个"家里没玄关，鞋子只能扔在门外，等到要穿的时候却发现鞋子不见了"的场景，让用户一下就产生了共鸣。由此获得了3.2万的点赞量，评论里也有很多用户询问这个全能鞋柜在哪可以定制。

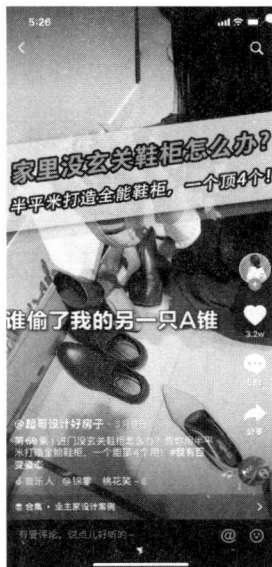

图1-3 "超哥设计好房子"推荐自己定制的全能鞋柜短视频

"超哥设计好房子"的案例向我们证明了产品场景化能够去除销售痕迹，让用户自主询问关于产品的更多信息。可以说"场景"不但是一个产品的载体，也相当于一个通道，随着人们对于广告的抵制越来越强烈，它让产品能够更快触达用户。

1.2.3 沉淀"货"的品牌资产

在短视频电商中，"货"大致可以分为两种类型：一种是已经有一定知名度的品牌，在各自领域拥有相当多用户认知的品牌。另一种则是尚没有形成广泛认知度的中小品牌，或者尚没有形成品牌的优质商家。而短视频可以通过自身强大的公域流量帮助这些品牌累计用户资产，形成品牌效应，最终带来销售转化。

例如，花西子浮雕彩妆盘推广，采用全领域自媒体资源策略，以李佳琦为首的顶级流量头部达人对产品进行影响力广泛覆盖，美容美妆类中腰部达人通过试色、评测、教程等方式进行深度、多层次产品种草，尾部达人及素人配合晒单。在推广中，花西子采用了"73法则"，前期大量地在短视频平台进行产品种草，使得产品在用户心中形成一定认知和购买欲望，中后期重点通过直播批量收割转化，最终产品销量持续走高，口碑爆棚。

1.3 优秀的短视频团队离不开哪几类人

许多人看到一些短视频账号突然火爆，于是自己也开始效仿，但是运营了一段时间之后发现自己的用户量上涨太慢，所以就产生了疑惑：到底是一个人做短视频比较好，还是成立一个团队做短视频比较好？答案当然是后者，一个人虽然成本低，但生产力无法持续保证，毕竟短视频是完整的系统流程，它包括定位、选材、拍摄、制作、剪辑等一系列程序。

那么一个优秀的短视频团队主要包含哪几类人呢？

1.3.1 编导

编导相当于整个团队的核心人物，他的工作内容主要包括以下几方面（见图1-4），也就是说一个短视频从开始的"选题"到最后的"成片"都需要编导，所以编导必须是一个全能选手，很多团队对于编导的要求是："拿起笔能写、扛起机器能拍、进机房能剪。"

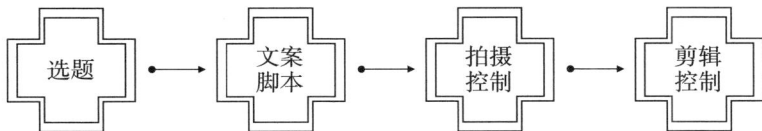

图 1-4 短视频编导的工作内容

当然，这几项工作中最重要的就是"选题"和"文案脚本"。Papi酱的短视频之所以那么火，靠的不是精良的制作，而是能抓住人心的选题和内容。

在选题方面她能抓住当前年轻人的痛点，她知道哪些是大众感兴趣的，也知道哪些社会现象是大家想吐槽的，比如《男性生存法则》就是在讲女生收到男朋友礼物后的各种吐槽，这类现象在周围出现的频率较高，而且具有一定的话题性，所以这样的选题比较有关注度。

在内容方面她能把大众想要吐槽但是没时间吐槽的点全部总结升华，她的视频涉及的主题和内容几乎都会有精辟的句子出现，让大家在产生极大认同的同时快速进行二次传播。

当然还需要具备一定的摄影基础，要想短视频出效果，画面感是不能忽视的环节，编导对于拍摄和剪辑控制的作用就在于能够将自己的文字精准转换成画面，否则将达不到我们的预期。

1.3.2　摄影师

摄影师主要负责拍摄工作，一个大片儿的形成有一大半的功劳在"摄影"，它能让视频的效果事半功倍。如果前期视频素材质量不好，后期剪辑再怎么补救也是无济于事。尤其是现在，如果一个视频画质不清晰或者构图不完美，影响了大家的观看体验，导致的直接后果就是他们再也不会打开你的视频。

所以这就需要摄影师掌握非常全面的摄影技巧，这样即使用手机也能拍出大片儿，比如2020年周迅主演的《女儿》刷屏了网络，该短片全程由iPone手机拍摄，虽然影片只有8分钟，但凭借着摄影师高超的摄影技巧，最终展现出来的视觉效果、光影使用、镜头视觉媲美电影级作品。所以团队中有一个好的摄影师是非常有必要的。

1.3.3　剪辑师

同样是短短十几秒的视频，为什么有些人可以获赞无数，有些人却"无人问津"？除了审美、拍摄设备等限制，剪辑也是非常重要的一环。因此一个优秀的短视频团队离不开一个高级剪辑师。

我们从美食领域创作者"野食小哥"的视频中总是能看到观众这样的评价："野食小哥的剪辑太棒了。"这完全得益于团队中的"灵魂剪辑师"，在他的剪辑下，你可以看到：吃完梨之后的梨核变成了一只飞鸟，在海边一伸手就可以瞬变出斗笠，以及小哥背着一只鸡踩着音乐的节点在山间无缝切换……这种天马行空的想象力剪辑把"野食小哥"的视频从普通的吃播里区分开来，令其个性鲜明，进一步提升了视频的美感。

1.3.4　运营

一个优秀的短视频团队，离不开一个成熟的视频运营者。那么一个运营人员主要的工作是什么呢？主要分为以下三个方面。

（1）渠道运营

短视频渠道运营，主要是指与国内外主流短视频平台以及短视频内容分发渠道的运营合作。对外是一种"TOB"方式，对内需要通过渠道的反馈来收集数据，反哺到短视频内容产品的迭代和用户运营上的一种方式。

不过国内外的渠道运营思路和方式完全不同，国外只需要做好几大视频和社交内容平台即可。但国内则需要仔细调查好每一个渠道平台对于内容的需求以及该平台用户的喜好，才可以做好接下来的运营工作。

（2）内容运营

短视频内容运营的目的是为用户增长而服务，因此，内容的生产环节要紧密和渠道运营、用户运营贴合，结合大数据的收集和整理，形成一个更加全面、更加精细的过程。一个好的内容运营可以帮助短视频大幅度提升用户的触达率、点播率以及完播率等一系列的用户主动反馈和互动。

（3）用户运营

用户运营是指与用户产生深度交互提升用户的活跃度和黏性，让用户长期持久地对每一次生产的内容进行关注、期待和产生浓厚的兴趣。用户运营最基础的就是评论区、弹幕区的管理，回答用户的直接留言问题，为用户提供更多一对一的、具有个性化的服务。

1.3.5　演员

演员，也就是在镜头前抛头露面的人。一个成功的短视频离不开一个好演员，这就像一部电影。如果编剧优秀，导演知名，却缺少优秀的演员，这部电影就很难取得优秀票房成绩。对短视频来说，票房就是点击量。有了点击量，短视频运营才有成功的可能。

对于演员的要求有一点非常重要，就是要有表现张力，也就是所谓的演技，即使是素人在镜头面前，也一定要有展现自己的意愿。不过，这并不等于做作或者夸张，在镜头前演员必须自然流畅、简单真实。

1.4 找到一个利于自己发展的平台

做短视频，最重要的就是选择一个合适的平台。但随着各种短视频平台纷纷涌现，各大平台为了吸引创作者的入驻不断推出新的平台政策，导致很多人在挑选平台时不知该作何选择。要搞懂这个问题，首先需要了解各大短视频平台的基本属性和功能，只有这样我们才能根据自身定位去选择适合自己发展的平台。下面看几个大家比较熟悉的短视频平台的基本属性和特点。

1.4.1 抖音：强娱乐化的短视频平台

抖音短视频是今日头条旗下的平台之一，拥有3.2亿日活的抖音在短视频平台里占据着非常重要的地位，它的用户主要分布在一二线城市，大部分是95后，他们喜欢潮流，追求时尚，更乐于表达自己，所以抖音是被大批有个性、酷炫的年轻人主导的。这直接导致了抖音强娱乐化的调性，以此衍生出了大量轻松、娱乐化，受到广大年轻人所喜爱的内容，随着抖音的发展，其所涵盖的内容也越来越多，包括萌宠、亲子、运动、旅行等内容。

经常玩抖音的人都会有这样一个共鸣，就是"刷抖音刷到停不下来"，其实这与其推荐机制有很大关联，抖音会通过机器人推算出你喜欢的内容类型，在下次推送时，会特别推送你喜欢的视频。另外，抖音还涉足短视频社交，在关注对方后，可以发消息给对方。它还开通了群聊功能，新建群聊可同步到多闪。

1.4.2　快手：记录和分享普通人生活的平台

如果说抖音的内容形式是偏向于时尚娱乐，那么快手则更趋向于乡土、生活百态，它的用户大多分布在三四线城市，其中大多都是各行各业的年轻人，当然也有明星、网红助阵，不过与其他平台不同的是，在这里每个人都有平等的展示机会，普通个体的特定内容也能获得相对应的目标用户流量，视频推荐更分散、下沉，更容易沉淀私域流量。

另外，快手的直播功能也已日趋完善，它具有"短视频＋直播"的闭环，这使得它们在内容和社交链条上的完整性更有优势，快手上的很多创作者都开通了直播功能。一位在快手上反手拉二胡的农村老人，不但每天发布短视频内容，而且还会定时直播，在直播间中与用户互动、沟通，相互连接。

1.4.3　西瓜：个性化推荐的聚合类视频平台

与抖音一样，西瓜视频也是今日头条旗下的产品。不同之处在于，西瓜视频与头条产品重合度最高，以三四线城市用户为主，定位于个性化推荐的聚合类视频平台，这种推荐机制要做的事情就是让每位用户尽可能看到自己感兴趣的内容，真正做到了千人千面。

从整体的内容趋势来看，西瓜视频在垂直内容上的深耕已经非常明显了，这主要是由于垂类内容可以通过西瓜直播的个性化推荐机制，更精准地匹配分发至目标人群，而且它具有一定的圈层属性，用户黏性较高，复看性好。为了满足用户对内容更加垂直细分的需求，它们分化出了100多个垂直领域。当然，除了横向进入更多垂直领域外，西瓜直播还致力于纵向提升这些垂类内容的质量，打造精品内容。

2018年，西瓜视频进行了整体改制。从市场角度来看，移动互联网流量红利将逐渐消失，加之现在移动视频同质化现象已初现，像综艺这样在移动视频领域还属于新的品类，确实能延迟用户审美疲劳期的到来。2019

年，西瓜视频微综艺的垂类探索已经初具势能，其交出的完美答卷是《别人家的公司》，借助名人效应完全体现出了移动短视频综艺的特色。节目播出后，社交媒体讨论量超过1.2亿。

1.4.4　秒拍和美拍：注重美颜的短视频

秒拍与美拍在很多用户眼中有着很高的相似性，用户通过拍摄并上传的内容为1∶1长宽比的UGC原创视频。

其不同之处是，美拍拥有功能强大的美颜滤镜，美拍的用户性别比曾一度高达9∶1（女∶男）。而秒拍由于背靠微博的强大资源，其平台上的主要内容则以分类更为垂直的PGC内容以及明星、网络红人自拍为主，用户男女比例较为平均。

秒拍凭借着强媒体属性吸引大量关注明星以及具备生产故事性短视频能力的专业组织入驻，用户则会在需要获取相关内容时进行主动搜索并完成观看行为。

美拍则具有更强的工具以及社交属性，许多用户都将其当作视频版的"美图秀秀"，易操作的视频美化、优质的滤镜系统，让用户在以极低成本拍出优质视频的同时，自发地进行分享，并以此来吸引自己社交圈的关注。

总之，秒拍和美拍都是注重美颜和话题的短视频。

1.5　设置：耳目一新的昵称、眼前一亮的头像、个性的自我介绍

当我们在平台内注册好账号后，接下来就要设置个人主页的内容，它是我们留给用户的第一印象，如果能将主页内容设计好，不但可以加深用户的印象，还能提升其信任感。所以说主页的搭建与设置至关重要。我们

就主页中三个重要组成部分进行完整讲解。

1.5.1　耳目一新的昵称

耳目一新的昵称不但可以让人有新鲜感，还可以留下较为深刻的印象，不过它有以下三个标准（见图1-5），我们可以从以下几个方面入手：

图1-5　起昵称的三个标准

（1）昵称要尽量短，尽量在5个字之内

一个名字若想被人记住并传播，就要尽量简短，用3~5个字概括自己的账号即可。比如"一禅小和尚"这个昵称就是以短视频中小和尚的名字命名的，这样不但好记，而且还能深化视频内容，吸引别人关注。

（2）避免使用生僻字

很多人会在起昵称时为了避免与他人重复，用一个生僻字来彰显自己的与众不同，但却忽略了一点，生僻字不利于用户记忆与查找，甚至在看见你的第一眼就直接绕过去，因此昵称要选择通俗易懂的文字。

（3）要表达出账号属性

有些短视频的名字听上去很个性，但是却不知道是干什么的。换句话说，人们并不知道这个账号是做什么的。这会间接导致账号失去大量用户。那么要想解决这个问题，一个简单有效的方法就是用自己的名字或艺名与所在领域相结合。比如"简七读财""大饼穿搭札记""服装设计师阿文"等，这样既能塑造IP感，而且能让用户一眼就感知我们账号的属性。另外，我们也可以直接使用自己的品牌名做昵称，这样能加深人们的印象。

（4）与微博、微信等账号名称一致

我们在为短视频取名字时，还可以与微博、微信等社交账号名称一致，这样可以同步通信录的好友，还可以让好友快速关注，尤其是微博还可以一键引流用户到短视频。

1.5.2 眼前一亮的头像

相比文字，图像给视觉带来更大的冲击力，而且头像是用户第一眼会看到的东西，很多人会通过头像来判定自己是否关注该账号，所以头像是重中之重。我们可以从以下几个方面着手设置让人眼前一亮的头像。

（1）使用真人做头像

真人头像可以让用户更为直观地看到人物形象，拉近心理距离，产生更强烈的信任感。不过这需要根据人设定位精准设置。比如走可爱路线的，就可以放上一张可爱的自拍照当作头像；走专业路线的，头像就应该专业有质感。

（2）使用LOGO做头像

如果你有自己的品牌，不但名字可以与品牌名字一致，头像也可以是品牌LOGO，这样不但有利于强化自己的品牌形象，还能让用户一目了然，快速了解品牌文化。

（3）使用视频的角色做头像

用角色做头像，有助于强化视频中主要角色的形象，一般多为故事类、动画类等账号，比如抖音账号"猪小屁"就是用动画角色做头像以强化其在用户心中呆萌、可爱的印象。

（4）使用文字做头像

很多没有真人出镜也没有自身品牌的账号，会选择与昵称相同的文字作为头像以强化账号IP，如抖音账号"穿搭攻略""旅游攻略"等，不过制作这类头像虽然看上去很简单，只需要截取几个文字当头像即可。但是也需要注意几个细节（见图1-6）。

◎ 文字不能过多，最多不要超过5个字。最好是1~3个字
◎ 文字要对称，且要在最中间
◎ 字体尽量选用宋体或者楷体
◎ 文字含义要与你所做的短视频内容、账号相吻合

图1-6　制作文字头像时需要注意的细节

1.5.3　个性的自我介绍

在过去QQ火热的时候，QQ签名风靡一时，各种主流、非主流的流行话语都能在分分钟吸引人们的关注。短视频也是如此，短视频不同于社交平台，个性签名更需要独具一格才能突出你的"不一样"。

（1）表明短视频账号的功能

最简单的一句话签名就是用通俗易懂的话语来介绍短视频内容和功能。例如，"老爸评测"这个抖音号。一个专门测评产品成分是否合格以及相关产品知识科普的抖音号，它的签名介绍中就很明确地用一句通俗的话来表现："不收商家钱的评测+科普。"这句话通俗直白，简单易懂，用户能瞬间明白该账号的内容与功能。这样也能给你的抖音号做一个无形的推广。

不过需要注意的是：首先，一句话不能超过20个字。字数千万不能多，多了用户无暇阅读，而且理解也有难度。其次，提取重要信息和关键词，表达方式要简单明了。

（2）表明自己的理念和态度

纯个人IP类账号一般会用自己的理念和态度来设置个性标签，这样不但能凸显自己的人设，而且还能增强用户对自身的认知。

例如，抖音账号"爱笑的Lala"的个性签名就是"只想拥有霸道总裁的爱情"，表达出自己对于爱情的态度，同时也让用户对自己的认知又深了一个层次。

（3）留下联系方式

一些能够承接广告或者商务合作的账号，都会在个性签名的后面加上

自己的联系方式，如邮箱、微信号等。

1.6 新手小白最容易掉进的几个"坑"

随着短视频的飞速发展，几乎所有的企业、商家、个人创业者都想要通过短视频的风口进入市场，并从中分一杯羹。毕竟在短视频平台，一夜涨粉千万的例子屡见不鲜。但理想很美好，现实很骨感，很多人在刚开始入局短视频后会慢慢发现：没有流量、涨粉缓慢、动辄限流等一系列问题。其实，这完全是由于我们在做短视频运营时，走偏了路线陷入了工作误区。接下来给大家介绍最常见的五个运营误区。

1.6.1 不懂平台规则

无论什么平台，都有它自身的规则，很多新手在操作之前根本就没有系统地了解过平台规则，甚至连一些基础的功能都没完全了解，就直接上手操作，那么结果就是被限流、重置、删除视频，严重的被封号。

在短视频平台中，有这样一个规则，就是对于一些纯搬运别人作品的账号，无论用户多少统一做账号的评级处理。于是有很多人"钻空子"做伪原创，即从各种渠道搬运别人的优秀作品，进行混剪拼接，其实根本没有原创作品。

所以作为短视频的运营人员，一定要详细了解平台规则，并且提前做好规划，不要等到问题出现了再去寻找解决办法，因为到那个时候就已经晚了。

1.6.2 盲目多拍多发

很多人在面对"为什么我的短视频不能成为爆款"这一问题时，得到的答案经常是："多拍多发，总有一个能火。"然后就开始各种拍、各种发，结果发现依然不能达到想要的结果，于是就开始模仿热门的作品形式，最终导致你的视频类型和方向又乱又杂不说，爆款也没做成。

其实这种做法是不可取的，大多数爆款视频都是因为制作出了用户喜欢的内容，盲目多拍多发，只会影响用户的观看体验，而且会让人觉得没有用心，这不但不会上热门，而且还会因此流失大量用户。

我们拿一个正常的新手账号举例，假设平台会给每个视频300推荐，如果你每天发布10个视频，那么是不是就有3000曝光了呢？这显然不可能，一般在发布2~3个视频后，平台就不会再分发流量了，而且发太多还会导致以下三种情况（见图1-7），所以绝对不能依靠"量"来弥补战略上的错误，我们应该把更多精力放在视频的内容上。

可能会因为频繁操作而被平台误判为营销号

低质量作品给粉丝带来较差的观看体验

由于发布太多平台不给推荐，这会降低视频的平均数据（转评赞）

图1-7　视频发布太多导致的三种情况

1.6.3　直接发长视频

很多人觉得短视频做不出东西来，所以每个视频短则七八分钟，长则十多分钟，但却完全不考虑用户会不会打开十多分钟的"长视频"，即使打开了又会不会看完你的作品。大多数平台讲究"完播率"，从完播率上去评估你的作品质量和用户喜好。

"电视剧每6秒钟就要出现一个'爆点'，以免观众转台。"这是美国电视剧《迷失》编剧尔顿·库斯与中国同行交流时道出的经验，这就是短视频为什么"短"的原因。时间太长会让"爆点"更晚出现，那么用户就有可能在6秒钟不到的时间划到下一个视频去，长此以往，平台就会判定你的视频不是用户所喜欢的，从而减少甚至停止推荐。所以，在刚开始运营时，不建议制作长视频。

1.6.4 自嗨式发视频

很多新手在运营短视频账号时，直接把它当作了朋友圈，发布视频随心所欲，从不关心用户喜欢什么。如果只是单纯记录生活当然无所谓，但当涉及涨粉变现的时候，就不能这样做了，不同于微信的熟人社交，短视频平台是陌生人社交，这里的大多数人根本不认识你。相比于你的日常生活，他们更关系你的内容能否给他们带去有价值的信息。

所以一定不要随便发布视频作品，要先想好当初做视频的目的是什么，是引流变现，还是其他原因，然后再针对性地养号、发布作品。这里就涉及一个概念，就是"账号定位"，定位越精准，用户就越精准。另外做短视频一定要站在用户的角度去考虑他们喜欢什么样的作品，问题越清晰，用户就会越忠诚，这样关注率和转化率才会越高。

1.6.5 经常买量刷量

很多人为了自己的视频能上热门、成爆款，或者为了增加用户，就会去买量刷量，但是到后期就会发现，这个账号基本被做"死"了，如果不靠钱，数据根本上不去！

其实刷量是没有任何意义与价值的，以抖音为例，该平台的推荐算法并不是你有多少用户就推荐多少，而是根据一个比例来的，当你的视频更新之后，它会先推荐一批，如果数据效果好，才会推荐下一批，把你的视频展现给更多的人看。其他平台机制大致如此。所以，如果你的账号都是僵尸粉，根本就不会有人观看你的视频，更别提播放量了。而且在买量刷量后，如果平台检测到你的账号，就会给你限流，甚至直接封号，得不偿失。

2 人设塑造：

90% 的失败者都 "输" 在了 IP 化运营上

一个账号要想成为爆款IP，首先要设立特立独行的账号"人设"，也就是所谓的"人设先行"，比如我们谈到刘亦菲就会想到"仙女"，谈到霍建华就会想到"老干部"，比起内容，它更容易在用户的头脑中形成记忆点，而且也更容易获取用户信任，所以打造人设，是我们在做短视频时必须做的一件事。

2.1　人设是一张行走的"名片"

要做短视频内容，第一步也是最重要的一步就是塑造人设，目的是向自己的目标用户说明"我是谁"，在某种程度上，人设可以当成一张自定义的名片，可以让人在短时间内迅速认识你。

那么什么是人设呢？简单来讲，其实就是各种标签的组合，它分为两种类型（见图2-1）。不同的人设可以吸引不同圈层的用户，比如"××老师"这个人设可以帮助我们吸引一群想要获取知识的人，而"幽默人设"则可以帮助消除"××老师"人设中的高冷感，为我们吸引一群喜欢幽默、搞笑的人。可以说，只要人设塑造得好，不管是引流还是变现都会取得事半功倍的效果。那么接下来我们就深入了解一下人设这个概念吧。

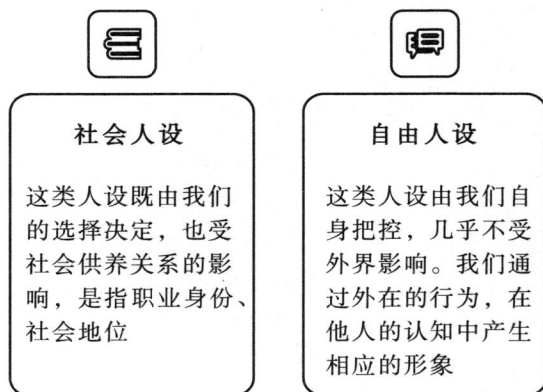

社会人设

这类人设既由我们的选择决定，也受社会供养关系的影响，是指职业身份、社会地位

自由人设

这类人设由我们自身把控，几乎不受外界影响。我们通过外在的行为，在他人的认知中产生相应的形象

图 2-1　人设的两大分类

2.1.1　塑造人设的三大原则

在了解过人设的好处之后，相信很多人都会急于塑造自己的独特人设，但必须在塑造人设时遵守以下三大原则。

原则一：从自身出发

人设并不是凭空想象出来的，而是应该从自身出发，选择一些有闪光点，能让他人喜爱的人设，就像我们去工作面试，会向面试官多多展现自己优点，对缺点一面避而不谈。但如果你过于夸大自己的特点，或者添加一个原本不存在的"优点"，那么就会导致人设崩塌，一切归零，现实中这些例子比比皆是。

而当你挖掘出一个自身具备并且让人印象深刻的点后，则需要不断深化，通过重复让用户形成记忆点，让他们知道这个人设标签是属于你的。比如"口红一哥"李佳琦就是通过不断为用户讲解口红的专业知识以及上色效果，才打造出这一经典人设。

原则二：少即是多

短视频与电影、电视剧最大的区别就是时间短，这也就决定了短视频的人设创作，不能像传统作品一样尽可能塑造出一个丰富饱满的形象，而是需要提炼出1~2个最突出的特质。因为十几秒甚至两三分钟很难有效展现出各种特质，但真正的问题在于过于丰富的设定只会干扰用户对人设的快速认知。

原则三：一以贯之

一旦确立了人设，就不能轻易改变，长久坚持才能给用户形成稳定清晰的形象。所以日后在每一次选题策划过程中，都要考虑内容是否与人设相符，不能胡乱跟风追热点。

2.1.2　人设要用内容强化

人设不是独立存在的，它都是依靠在特定场景下与特定人物之间发生事件所体现的。所以反过来，我们可以通过视频内容，即环境、人物关系、行动等因素来塑造、强化人设属性。虽然我们创作的视频内容是虚构的，但在其背后也有一个确切而完整的价值观。只要找准符合人设的价值观，并将其尽可能准确地通过视频呈现出来，这样不但内容更加真实、自然，用户也会更加信任你的人设。

微博博主"戏精牡丹"就是通过在视频中自己扮演的各种角色如阿姨、妈妈以及妈妈的女儿来塑造和强化"戏精"人设的，他抓住了中年妇女的一些突出特点，将她们塑造得惟妙惟肖。比如拍照时拿着五颜六色长长短短的丝巾就开始扭起来，没有风也要自己"创造"风；儿子考试时，别人家孩子考80分就是题难了尽力了很优秀了，自己家孩子考80分就是盲目自满不求上进……

正是这些中年妇女的"抓马"特点加上"戏精牡丹"的夸张演绎强化了他自身的"戏精人设"，并且他是通过一个很有爱、尊重的视角去观察这些中年阿姨的，很多人都在这些视频中看到了满满的爱意。

另外，他也会利用这些角色来传递自己的价值观，比如倡导大家理性消费，就是通过"妈妈批评女儿乱花钱"这一内容传递出的，视频一播出就受到了大众的广泛喜爱与信任，纷纷评价"戏精牡丹"三观正等。

2.1.3　人设是需要互补的

我们知道，每个人的人设都不止一个，但人设之间必须互补，比如你塑造了"天仙"人设，那么为了弥补"天仙"人设带来的高冷感，就要用"可爱""单纯"等人设来弥补。不过需要注意的是，这需要我们分清其中的主次关系，如果着重打造"天仙"人设，那么"天仙"就是你的主人设，"可爱""单纯"就是副人设，绝对不能同时出现两个同等级别的人设，否则会干扰用户对你的认知。

比如《欢乐颂Ⅰ》里安迪的主人设是一个拒人于千里之外的"高冷"美

女，但为了中和"高冷"人设中的冷漠，也会出现一些展现其面对亲人时"脆弱无助"的剧情，让我们开始渐渐心疼安迪这个角色。但如果剧情中过于展现安迪"脆弱无助"的形象，那么就会本末倒置，"强装坚强"的人设就会落到安迪的头上。

我们常常说一个人有某个优点，不是因为其只有一个优点，而是说其他优点都被掩盖了。人设也是，一旦副人设出现功高盖主的现象，整个画风就歪了。所以要塑造人设，就必须牢记自己的主人设，在牢牢握住主要形象的同时，用副人设中和主人设的"缺点"。

2.2 塑造成功人设的两大通用法则

人格化运营是快速与用户建立情感连接的方式，目前大多数短视频IP都设置了核心人设，并对其倾注诸多心血，成功是大家都想要看到的结果。但依然有很多人设崩塌了，而且一旦崩塌，即使整改回归，也再难得到资源和流量，更别提商业价值了。那么该如何打造一个号召力强大的人设防止人设崩塌呢？大致有以下两个通用法则。

2.2.1 强化自己的外在形象

要想人设成功，首先应该从自己的外在形象入手，成功的形象塑造有助于加深用户对人设的印象，这就好比我们一看到穿着白大褂的人就会认为他是"医生"；一看到戴白色假发的人就会认为他是"律师"……在具体操作中我们可以从以下几点来强化自己的外在形象。

（1）造型

将自己的造型固化下来，可以让用户通过服装、发型等一系列外表的打造加深对人设的认知。当然这不是让我们每次都穿同一套衣服、化同样的妆容。而是根据自己的人设标签去选择该类型下的造型。抖音账号"芋头快跑"里面的芋头妈妈就是借鉴了电影《功夫》中包租婆的人物形象，来强化妈妈的"暴躁"人设。

（2）口头禅

口头禅是一个人经常挂在口头上而且无实际意义的词语，它总能表现出一个人的态度和性格，而且能影响其他人对这个人的感觉。所以有一个属于自己的口头禅，对于强化人设形象来说不失为一个有效的办法。比如《都挺好》里苏明哲是一个有点愚孝又好面子的人，为了体现这两个人设，于是演员就为这个角色加入了两句口头禅："我是苏家的老大，我不能不管。""你真的太让我失望了。"两句口头禅成功撑起了苏明哲的人物角色。但是切记，我们应该尽量避免口头禅中出现辱骂的词语，因为这很容易败坏好感。

（3）标志性符号

设计一个属于自己的超级符号，能够提高自身辨识度，同时为自己带来更大的流量。而且还可以让用户每次看到这个符号，就会条件反射地想起你。在短视频中我们可以通过以下两点（见图2-2）来设计自己的超级符号。比如我们可以利用"剪刀手"（标志性动作）和"玩具熊"（标志性道具）来强化自己的"可爱"人设。

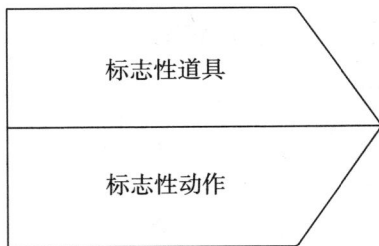

图 2-2 设计标志性符号的两种形式

2.2.2 善用"印象管理"策略

印象管理，也叫"自我呈现""印象整饰"，是指人们试图管理和控制他人对自己所形成印象的过程。恰当的印象管理是人际交往的润滑剂，可以使交往顺畅地继续下去。也就是说它能够帮助我们赢得用户的好感。常见的印象管理策略主要有以下两种：

（1）降低防御

当我们试图降低某消极事件对自己的影响时，就可以使用这种策略。它包括以下两种做法。

解释：当用户对我们做出的某件事产生误解并导致整个事件开始往消极的方向发展时，我们可以做出相应的解释或为自己的行为辩护。大部分用户都会理解并相信我们的，毕竟我们的真实意图并不是这样。

道歉：当我们确实做错某件事时，就要为这一消极事件道歉。这样的道歉不但可以让人感到悔改之意，而且，也会让人觉得这样的事情以后不会再发生了。例如，与用户观点不和导致言语过激，这时如果先解释原因，就会招致反感；但如果先道歉，再做出适当的解释，就会让人接受，这能在最大程度上减少对我们的影响。

（2）促进提升

当我们试图使自己对某一积极结果的责任最大化时，可以使用这一策略。它包括以下三种做法。

争取名分：当人们认为自己所做出的积极成果应该得到认可时，会采取这种策略。这也是为什么很多公众人物在做了公益和慈善之后通过各种渠道让人了解自己所做的贡献，不过，大家千万不要有心理负担，"做好事不留名"是一种美德，但这并不代表"做好事留名"就是一种令人所不齿的事情。

揭示困难：让人们了解自己尽管存在个人或组织方面的困难与障碍，

但还是取得了积极的成果，这样会使人对自己有更好的评价，比如告诉自己的用户，自己的成绩是在家人、朋友的重重阻碍下闯出来的，一路上没有任何人帮忙，这样他们会更加高估你所取得的成绩。当然前提是真的发生过这样的事情，否则人设很容易崩塌。

2.3　差异化战略让人设脱颖而出

如何让人于"千万人"中选择你，首先你必须得在千万人中脱颖而出，要做到这一点，就必须与别人有明显的区别，做到与众不同。这样我们就能在第一时间吸引众人的眼球，并进入其心里，留下清晰深刻的印象。那么该如何做到这一点呢？最简单的方法就是"差异化战略"，它可以让用户能够轻松发现并识别你，并感受到你的与众不同。

2.3.1　差异化战略的作用

用户不喜欢千篇一律的人设，如果不能做到同类型中最有辨识度的，倒不如选一个更具有差异化的人设。这也凸显了差异化战略的重要性，它对于塑造人设来说有以下三种作用：

（1）有利于人设的不可取代性

通过实施差异化战略，创造并培育出独特的人设，并使自己变得独一无二，只有独一无二才能不被取代，因为我们的人设深入人心，任何人模仿都无法再创造独特。比如48岁的苏格兰人苏珊·波伊尔在2009年参加《英国达人秀》后一炮而红，由她演唱的《我曾有梦》这一视频在网络上被竞相传播，每个人都很喜欢这位"苏珊大妈"，因为你再也找不到这样一位胖萌的、坚持梦想且有一副好嗓子的大妈了。在那之后也再没出现过第二个同类型歌手，"苏珊大妈"的成功之处就在于她打造出了差异化人设，使自己变得独一无二，不可替代。

（2）有利于吸引更多用户关注

差异化最大的作用就是能够吸引关注，因为它能让我们与众不同、独一无二，而人们的注意力往往会被新奇、独特的事物吸引。尤其在同质化如此严重的今天，撞人设已经成为一件稀松平常的事，这时如果突然出现一个与众不同的角色，就会吸引人们的广泛关注。这就好比在一众女生都称呼自己是"女汉子"的时候，突然出现一个呆萌可爱的女生就会吸引大家的注意力。

2.3.2 从同行的弱点处入手

你一定听过一句话："一直被模仿，从未被超越。"做跟随者的命运大多都是一样的，即使做得再好也没人会记得。人设也是一样，比如超女冠军李宇春开创了"中性"人设并且靠着这个人设大火特火，但后面模仿她的人却没有一个能出来。但如果能够从对方的弱点处入手，打造出一个完全相反甚至互相对立的人设，则会突出重围打造差异化，获得更多用户的关注，不过我们要选择的对象必须是同行业中的第一名，这样的对立才有意义。

比如《红楼梦》中贾宝玉身边的两个丫鬟：晴雯和袭人，这两个人身上的性格特点就是互相对立的，袭人走的是"温柔和顺"的路线，荣国府里上上下下的人基本都很喜欢她。但也正是这样的性格让她不能有话直说，随着自己的性子来，这也算是"温柔和顺"这一人设的弱点。然而这一弱点却正好与晴雯"直率纯粹"的性格相符合，这就与袭人的性格形成了对立，很容易就能让人注意到晴雯。

相同的案例还有王熙凤和平儿，王熙凤性格"泼辣"，缺点是不够温和，而平儿的性格"温和"，就与王熙凤形成了对立，塑造了差异化，也让地位比王熙凤低的平儿获得了广泛关注。但如果把晴雯放在王熙凤身边，可能就不会这么出彩了。

虽然曹公当初写《红楼梦》时没有塑造差异化人设的意愿，但却也给了我们一个提示，从同行的弱点处入手，可以快速打造差异化并获得关注。它的高明之处在于不用花任何代价，就可以悄悄爬上与"行业第一"相同高度的制高点上。

2.3.3 在细分领域成为第一

"成为第一"是实现差异化战略中最好的方法，因为人们只会记住第一，连第二都很少记住。就比如那个经典的问题，第一个登上月球的是阿姆斯特朗，第二个是谁？很少有人能回答得上来。但如果行业中已经有第一了，我们还怎么成为第一呢？很简单，就是在细分领域上成为第一。

比如说我们是讲"营销知识"的，想要塑造一个"营销专家"的人设，但当你发现同行中已经有相同的人设了，这时我们就可以将"营销"细分成"销售"，塑造"销售专家"的人设，当然还可以再细分成"电销专家""会销专家"等，直到没有相同人设为止。

另外还有一种创新细分领域的方法就是"能力组合法"，它的公式很简单（见图2-3）。比如大张伟既会讲段子又会唱歌，那么他的人设就是"最会讲段子的歌手"；罗永浩既会演讲又会英语，那么他的人设就是"最会演讲的英语老师"；章蓉娅医生既会医学知识又会写作，那么她的人设就是"最会写作的医生"……可能从单独的领域来看，他们不是最优秀的，但如果互相组合起来，却没人能敌得过他们。

图 2-3 能力组合法

2.4 一切为了用户需求

在结合自身特点进行人物设定的同时,还要充分考虑到账号定位面向的主要受众人群的喜好,只有符合用户的期待和需求才有更高的成功概率。而要做到这一点,就必须依靠"用户画像"的辅助,通过对目标群体的调研掌握其画像,继而从其视角重新审视人设,去掉一些目标群体偏好较少甚至排斥的人设标签。这样从一开始就可以使自己的人设对目标群体有充分的吸引力,从而减轻迭代压力;而且它还能为塑造人设提供客观依据,让人设更加精确。那么我们该如何制作用户画像呢?它分为以下三个步骤。

2.4.1 收集并处理数据

构建画像的目的是还原用户信息,因此需要我们收集大量与用户相关的数据,我们可将其分为以下两大类。

静态分析数据:用户相对稳定的信息,主要包括姓名、年龄、地域、学历等方面数据,这类数据自成标签,不需要我们过多建模便可以构成用户画像的基本框架。

动态分析数据:在互联网上,用户的行为可以看作是动态信息的唯一数据来源,常见的行为包括搜索、浏览、注册、评论、收藏、点赞等方面数据。

另外还有一种较为有效的方法就是用户访谈,它可以让我们对用户有更深刻的了解,这样在塑造人设时才能更加贴合他们的喜好。我们可以通过以下四个角度(见图2-4)来设置访谈问题。这一方式比较适合用在确定人设后"试运营"的阶段，通过访谈的方式来强化自身优势，找出自身的问题。

? 是什么原因让粉丝关注我们

? 粉丝在关注我们之后希望得到什么结果

? 粉丝不关注我们的原因是什么

? 粉丝选择关注我们时最看重哪个因素

图 2-4　访谈问题的四个角度

2.4.2　给用户贴"标签"

给用户贴"标签"是画像中最核心的部分，所谓"标签"，就是浓缩精练的、带有特定含义的一系列词语，用于描述真实的用户自身带有的属性特征，方便我们做数据的统计分析。我们把标签分为以下两类。

（1）人口属性

这一类标签比较稳定，一旦建立很长时间基本不用更新，标签体系也比较固定。它主要包括年龄、性别、学历、人生阶段、收入水平、所属行业等，它是构建画像的基础。但完整填写完个人信息的人只占很少一部分，在这种情况下，我们一般会选用填写了信息的用户作为样本，将用户的行为数据作为特征训练模型，对无标签的用户进行人口属性的预测，这种模型把用户的标签传给和他行为相似的用户，可以认为是对人群进行标签扩散，因此常被称为标签扩散模型。

比如我们想构建全网用户的性别画像，但只有30%的用户填写了自己的性别，这时候我们可以通过用户观看过的短视频或者观看时长等来判断性别，比如大部分女生喜欢看的短视频都是温馨可爱的，大部分男生喜欢看的短视频是特效大片等。

（2）兴趣属性

兴趣标签是互联网领域应用最广泛的，尤其是短视频，它主要是从用户海量行为日志中进行核心信息的抽取、标签化和统计。因此在构建兴趣标签之前需要先对用户有行为的内容进行整理，何为"有行为"，即对该内容进行浏览、收藏、点赞等。例如，经整理发现，某用户经常浏览关于"励志鸡汤""名人名言"之类的内容，那么我们则可以将其兴趣标签设置为"励志名言"。

2.4.3 绘制用户画像

当我们给用户贴上"标签"之后，就完全可以绘制出一整张用户画像了，不过需要添加一些虚构的个人细节，让用户画像成为一个真实的角色。这里需要结合两种分析方法。

（1）定性与定量相结合

一般来说，定性化的研究方式是确定事物性质，属于描述性的，在画像中表现为对用户个体的性质和特征、行为做出概括，形成对应的行为标签。

定量方法则是在定性的基础上给每个行为标签打上权重，最后通过数学公式计算得出总的标签权重，从而形成完成的画像模型。

所以说，以上两种研究方法需要借助数据建模才能完成。

（2）数据建模，给标签加上权重

给用户的行为标签赋予权重。用户的行为可以用4W表示。

WHO（谁）：关键在于用户识别，明确研究对象。网络上的用户识别包括用户注册的ID、昵称、手机号、邮箱、身份证、微信账号等。

WHEN（什么时间）：主要包括时间跨度和时间长度两个方面。"时间跨度"是以天为单位计算的时长，指某行为发生到现在间隔了多长时间；"时间长度"则是为了标识用户在某一页面的停留时间长短。越早发生的行为标签权重越小，越近期权重越大，这就是所谓的"时间衰减因子"。

WHERE（什么地点）：用户行为的接触点包含两层信息：网址＋内容，网址即互联网页面网址，内容即页面网址中的内容。其中网址决定了权重，内容决定了标签。

WHAT（做了什么）：指用户产生了怎样的行为，根据行为的深入程度添加权重。比如浏览行为计为0.7，收藏行为计为0.8，点赞行为计为0.9，评论行为计为1等。

综合上述分析，可以发现用户画像的数据模型可以概括为下面的公式（见图2-5）。

时间衰减因子 ⊗ 网址权重 ⊗ 行为权重 ＝ 标签权重

图 2-5 标签权重公式

比如：用户A，前天在抖音平台评论了标题为"科比追思会乔丹完整演讲中文字幕"这一内容。

标签：科比、乔丹、体育。

时间：因为是前天的行为，我们假设衰减因子为0.8。

行为类型：点赞行为权重为0.9。

地点：抖音平台是短视频平台，所以相较于其他社交平台权重较高，我们假设网址权重为1。

那么标签权重为$0.8 \times 0.9 \times 1 = 0.72$，即用户A，科比0.72、乔丹0.72、体育0.72。

2.5　根据职业、性格、专长塑造人设

很多人常常会走入一个怪圈，即致力于塑造一个"完美人设"，甚至会为了这个"人设"造假，比如为了秀底蕴，还没有真正读完一本书就先晒出三五句评论；为了秀学历，编也要为自己编出一个985、211……

诚然，"完美人设"可以让更多人关注、喜欢你，但却终难免"人设崩塌"的窘境，随着这样的现象越来越多，也让更多的人认为"人设"是一件坏事。其实，我们可以把人设当作是别人快速了解自己的渠道，是与人交往的基础。所以每个人都需要为自己塑造一个正确的人设，它要符合自身的能力，否则就只会落得一个"翻车"的下场。

2.5.1　根据自身性格塑造人设

在塑造人设的时候，要以自己的性格为出发点并进行不断深化，如果连性格也要造假，那么在与用户互动沟通的时候就会"演"得很累，只有找到既贴合用户喜好，又符合自身性格的人设后，才会在用户心中留下深刻的印象。

网红"波多野红梅"的戏精人设就是源于其自身搞怪逗趣的性格，在视频中，她可以是校园里蠢萌的中学生，帅气的暗黑萝莉，美不过三秒的甜美女生，脑洞清奇的可爱闺蜜等，这些基于自身性格塑造的百变形象深深吸引了她的用户们，毕竟没有人会拒绝让自己"发笑"的事物，即使是广告，也不脱离她自身的搞怪属性。在"波多野红梅"与可爱多的合作案例中，该视频内容中的"波多野红梅"在闺蜜关注帅哥的颜值时，一把抢

走了帅哥手上的甜筒。这既符合了其搞怪的性格,又将重点放在了甜筒上。这样做不但消除了广告植入的尴尬性,而且还加强了用户对于"波多野红梅"戏精人设的认知。

"波多野红梅"的戏精人设之所以会这么成功,除了夸张有趣的演绎之外,一个非常重要的原因是在于其自身"搞怪逗趣"的性格,基于性格特点的人设可以深入人心,从而让自己立于不败之地。当然,也可以适当地展现出性格中的一些小弱点,这样会使自己的人设更加接地气,毕竟没有人会十全十美。

2.5.2 根据自身职业塑造人设

在一些短视频中,会发现里面的人物会以自身职业形象出现在镜头前,其实这些形象就是根据职业塑造的人设,他们有的是医生,有的是律师……这些自带人设属性的头衔会帮助我们快速在用户心里建立深刻的认知,产生更强的信任感。

抖音创作者"罗欢平律师"就是依靠自身职业塑造的人设,通过向用户传播关于法律知识强化自己的律师形象,比如"夫妻不说话属于家暴?"这一视频,就是在告诉用户夫妻之间不说话属于冷暴力,也属于家暴的范畴,被施暴者可以向法院申请人身安全保护令,裁定施暴者积极主动与对方沟通。正是这一个个专业的法律知识,增强了用户的信任感。在他的视频下面,你可以看到很多向他咨询法律问题的评论。

当我们向用户传播了足够多的与自身所属行业相关的知识,那么他们在遇到类似的问题时,就会第一时间想起你,因为你很专业,经验很丰富。而且这样的人设不容易崩塌,只要我们对自己的专业知识掌握牢固,就可以一直使用这样的人设。

2.5.3　根据自身专长塑造人设

所谓专长，就是一个人所具备的独特技能或者专业本领，它往往存在于你的兴趣和爱好中，而且并不是一个领域的专家才具有专长，相反人人都有专长。只要能充分发挥出自己的专长，那么成功只是指日可待的事情。但如果专长造假，那么很快就会被用户指认。

比如快手创作者"大 LOGO 吃垮北京"的专长是很会吃，以此为基础打造了一个"吃货"人设，视频内容以推荐北京最值得一吃的美食店铺为主，看过他视频的用户来到北京之后都会去他推荐的店铺中品尝他推荐过的美食，于是他的"吃货"人设就此立住。

再如抖音创作者"旅游达人华仔"的专长是很会旅游，于是他便以此为基础打造了一个"旅游达人"的人设，他的视频内容多是一些旅游攻略，如"去泰国需要注意什么""1000 块的旅游攻略"等，很多人在出门旅游之前一定会先看一眼他的视频，因为能从中获得一些网上查不到的小知识。

由以上两个案例可以看出，专长不一定要高大上，即使是日常生活中的小事，如果我们掌握了足够的经验，具有一定的专业性，就可以据此打造出相关人设。

2.6　确定人设之前先关注自己的同行

"知己知彼，百战不殆"这条流传千年的军事格言也同样适用于人设塑造，通过分析同行，我们可以找出自身的优劣势，对于优势要不断强化，对于劣势要虚心学习。也就是说它并不是将双方放在一个敌对竞争的位置上，而是要取长补短，调整并优化自己的人设。那么该如何做好分析呢？我们可以按照以下三个步骤操作。

2.6.1　找到合适的同行

在做分析之前，我们应该先找到与我们处在同一行业的创作者，那么该从哪里找到这些同行呢？它主要分为以下两种方式。

（1）关键词搜索

很多人在观看短视频时，会先通过平台搜索相关的内容。同样我们也可以通过相同路径找到同行，这里建议在搜索时多选择几个关键词，涵盖的范围从大到小都要涉及，保证细分程度不同。比如我们是旅游领域的账号，那么关键词就可以设置为"旅游""本地""自由行""旅游攻略"等。

另外，除了在自己所选择的短视频平台中进行搜索之外，还可以从检索平台中进行站内搜索，如百度、搜狗等，这些入口能够帮助我们找到筛选过的同行账号。

（2）做调研

调研最重要的就是弄清楚一个核心问题：在你所在的领域中，如果没有你，用户的其他选择是谁？很显然，能够替代你的或者你想替代的对象就是你要分析的对象。不过一个合格的调研要保证三个关键点（见图2-6）。

保证受调研者做出的选择是脱口而出，自然反应才是真实的心理认知

受调研者是我们的粉丝群体，否则调研结果并不准确

样本要足够多，否则得出的数据会存在偏差

图 2-6　合格调研的三个关键点

2.6.2 确定分析指标

在确立了同行之后，就需要我们对每一个同行做出尽可能深入、详细的分析，很多人分析别人的账号时都是依靠个人感觉，这就是偷懒。在研究一个账号内容时，一定要把各个组成部分拆分清楚，并逐一分析。因为成功往往是多个元素相加的结果，漏掉太多元素以后的分析结果，很可能是错的。那么这些元素都包括哪些内容呢？

（1）账号信息

包括该账号的昵称、个人介绍、头像等，这些账号内容可以帮助我们了解该账号的发展方向以及内容属性。

（2）账号风格

每个账号都有自己的风格，包括幽默、严肃、清新、文艺等，比如美食领域创作者"寻味旧时"就充满了怀旧风格，老旧的自行车、电冰箱、收音机，再搭配贴满港台明星海报的墙面，可以说把20世纪80年代的气息演绎得淋漓尽致。

（3）选题方向

以美食领域为例，每个账号的选题方向都不一样，有推荐各地美食的，有自己动手做美食的，也有教大家如何做营养搭配的……这些都是选题角度的不同，我们可以将其记录下来，运用到自己的账号内容中去。

（4）内容结构

整理账号中视频作品的标题、文案、视频长度、拍摄方式、剪辑包装、转折点，以及音乐选择。这对自身内容的进化是非常有效果的。

（5）展现形式

分析该账号是真人出镜还是虚拟动画等。

（6）交互

也就是该账号的互动形式、互动频率，最好是自己参与到对方的互动中，以一个用户的角度去体验。比如在账号下面评论，如果能进入他们的社群就再好不过了。

（7）数据

数据包括用户数量，平均每个视频的点赞量、评论量、转发量、浏览量，发布的作品个数，更新频率等，从这些数据中我们可以看出自己与对方的差距，并从中获取一些关于如何选题和创作内容的经验。

2.6.3　用好分析模型

分析时光靠互相对比是没有用的，我们需要用到一些专业的分析模型，对于我们来说，比较简单又有效的模型是有无评估模型，不过放在这里需要进行一些修正，即将我们要分析的各种指标进行简单的罗列，将自己与对方的账号相互对比，查看是否有需要优化的地方，这一方法的使用，关键是要细致，不能有遗漏。具体请看下表（见表2-1）。

表 2-1　有无评估模型表格

账号名称	账号风格	选题方向	标题形式	文案	视频长度	转折点	……
账号一							
账号二							
账号三							
……							

另外还有一种比较有效的方法就是SWOT分析法，主要包括优势（Strengths）、劣势（Weakness）、机会（Opportunity）和威胁（Threats）。我们可以画一个四象限，根据分析内容，将自身实力与同行做对比，从优势和机会中找出突破口，避免和对方的长处硬碰硬。

比如我们是一个美食账号，对方账号的展现形式以动画为主，但我们的团队没有这样的人才，那么无论其有多么喜人的数据，我们都不可能借鉴到这一优势。

2.7　给人设讲一个好故事

提起人设，你会想起什么？是衣着外貌，还是行为举止？其实，这些都可以算在人设之内，但这些都是表层信息，是碎片化的信息流。这些信息越多、越杂，你的人设就会越模糊。其实人们想看到的并不是这些信息，而是这些信息中让他们感到信任的东西。那么什么会让人愿意产生信任呢？那就是故事，它可以将一些碎片化、没有逻辑的标签整合起来，制造出一个十分生动的形象，给人留下深刻的印象，让人产生一种信任感。那么该如何讲好这个人设故事呢？具体操作时可以按照以下三种方法进行。

2.7.1　讲述真实生动的故事

人设来源于自身，那么要讲好人设的故事，也必须是发生在自己身上那些真实生动的故事，它可以帮你清楚地告诉别人"我是谁"。那么该如何获得这些故事呢？很简单，就是准备一个笔记本，把故事收集起来。然后从中选取与人设相关的故事。

当然，在讲述这些亲身经历的故事时，不是简单地平铺直叙，它需要涵盖六大要素（见图 2-7），铺排好这六大要素，就是构成故事的基本原理。当然，这六大要素在故事中占据的内容详略不同，但其分量都是同等重要的，缺一不可。我们举一个简单的例子。

图 2-7　故事六要素

比如我们塑造了一个"有原则的吃货"人设，那么我们就可以讲述一个这样的故事。

昨天（时间）和朋友（人物）去餐厅（地点）吃饭，点了店里的"招牌菜"，因为这道菜是需要有一道酱料搭配着一起吃才好吃，但因为店里的酱料卖没了（事件），我的本意是没有那个酱料就不要吃，因为已经不是那个味道了（观点），可朋友实在太想吃这道菜了，于是便在点菜单加上了这道菜，结果我尝了一口发现，与之前的味道简直大相径庭，没有了酱料它就像失去了灵魂，果然，以后点菜还是不能为解口腹之欲，而不顾食物的味道啊（感悟）。

这样，一个好故事就诞生了，不过还是要切合自己的亲身经历，这里只是为大家展示如何利用"故事六要素"讲出一个完整的故事。其实好故事并不是要高大上，它可以是我们生活中的一些小事儿，也可以是改变生活的一件大事儿，只要能表达人设，说明你是谁，就是一个好故事。

2.7.2　让细节充满你的故事

细节会让你的故事充满可信度，情感因素往往比逻辑认证有更大的影响力，那些以故事情节为重，不在乎细节的人，基本上都不会讲出一个好故事。因为有些细节，只关乎感觉，与主题没有直接关系，但却会改变一个人对你的认知。

依然以上面"有原则的吃货"人设为例，比如讲你为了吃可以不顾一切，单纯讲这一句是体现不出什么的，但如果用一点细节来描述的话，这句话的可信度就会强很多。例如，我打车从××到××，三四个小时的路程，就为了吃这一顿饭。通过细节就可以描述出一个具体的画面，别人听起来才能真正体会到"你为了吃可以不顾一切"。

正如《美联社新闻报道手册》中所提到的："细节让撰稿人的调色板更加丰富。"

细节是金，一个好的故事依赖于对细节的运用，仔细观察你就会发现，很多被人设的故事都是通过细节塑造深入人心的。它能够使一个故事生动形象，且具有强烈的现场感。所以，我们要不断探索细节，然后深入演绎讲述故事。

需要注意的是细节固然好，但如果细节太多，则会让故事的主逻辑支离破碎，导致起到负面效果。只有适当的故事细节才能让用户清晰地了解故事主旨，而不失丰满。

2.7.3　讲故事时的注意事项

在讲故事时仅依靠以上两种方法，还远远不够，它还需要我们注意以下两个方面。

（1）注意故事的新颖性

新颖的故事永远能吸引用户的好奇心和注意力，只有这样才能让人设深入人心，否则每次都讲述同样的故事，会让用户反感。当然如果同一个故事有不同的角度，也可以被二次利用，比如上面"有原则的吃货"人设的故事，站在朋友的角度他们是怎么看待我们这种行为的，也可以作为一个故事，来证明我们的人设。

（2）注意故事的代表性

我们选取的故事必须具有代表性，要能表达我们的人设，反映本质，否则就会"翻车"。比如要表达吃货人设，那么如果讲述一个"今天没有遇到可口的食物，就没吃饭"的故事，根本不足以反映你的吃货本质，因为这件事放在一般人身上也会发生，那么用户就会认为这些都不算什么，如果这样的故事多了，则会让你的用户越来越不信任你的人设。

3 算法逻辑：

不懂推荐机制就是在浪费时间

推荐机制是指引运营创作视频内容的风向标，任何一个短视频要想得到更多流量，都需要靠系统推荐，否则内容再好也是白费功夫。所以在做内容之前，首先要搞懂平台的推荐规则，如反馈指标、标题、封面、热点、发布时间等都是影响推荐量的因素，只要把这些因素搞定，就不愁短视频没有流量。

3.1　搞懂推荐算法，你就搞定了平台

很多刚开始做短视频的人都会遇到一个问题："我的短视频内容也不比别人差，为什么就是没几个人浏览观看呢？"这是由于他们忽略了一个最重要的因素，就是不了解短视频平台的推荐机制，相比于传统的自媒体平台，它有着自己的一套推荐逻辑，只有彻底掌握它，你的短视频才能获得更好的"资源"。

每个平台的算法逻辑是不一样的，比如当下最火的快手短视频，如果你想获取快手的流量，就要搞懂它的算法机制。

当你在快手发布一条短视频后，那么与你在同一地理位置的人就会在"同城页面"看到你发布的视频，当喜欢、播放和评论量到达推荐算法规定阈值后，便可展示在与该视频兴趣点相关用户的"发现页面"中，同时，视频会同步到发布者用户的"关注页面"中，并附以"红点"提示，当喜欢、播放、评论达到一定阈值后，会继续扩大覆盖。当然，推荐算法所规定的阈值大概率还会受以下这三个因素的影响（见图3-1）。

由此可以看出，要想获得更多曝光，只靠优质内容是不行的，还要根据平台推荐算法去制作视频，那么接下来我们就了解一下推荐算法的基础原理。

账号初始权重　　　　账号已有粉丝反馈　　　　外部真实账号激活

图 3-1　快手平台推荐算法大概率会受的三个因素影响

3.1.1　推荐算法的类型

在各大平台中，最常见的推荐算法是以下三种类型：

第一种，内容推荐。它是信息过滤技术的延展与发展，无须依据大家对内容的评价建议，而是通过机器学习的方法从关于内容的特征描述中获取用户兴趣并进行推荐。比如你看了关于"爱情、浪漫"的短视频，那么基于内容的推荐算法就会向你推荐与该方面内容有关的短视频。它的优点在于可以避免内容的冷启动问题，因为它是根据内容与内容之间的关联性来推荐的，而不是用户是否浏览并关注过这个短视频。但弊端在于推荐的内容可能会出现重复，使得用户对此产生反感。

第二种，协同过滤推荐。它是推荐系统中应用较早较成功的技术之一，主要是通过用户之间的相似性，挖掘与目标用户有相似喜好的用户的历史记录，再通过他们对于内容的评价来预测目标用户对特定内容的喜好程度，并据此进行推荐。例如，你的朋友喜欢电影方面的短视频，那么该短视频也会推荐给你，但却并不能保证内容分发的准确性。

第三种，组合推荐。由于各种推荐方法都有优缺点，所以在实际中，组合推荐经常被采用，研究和应用最多的就是内容推荐和协同过滤推荐的组合。平台会分别用内容推荐和协同过滤推荐去产生推荐预测结果，然后用某方法组合其结果，它可以避免或弥补各自推荐技术的弱点。常用的组合方法有以下四种（见图3-2）。

用一种推荐技术产生一
种粗糙的推荐结果，第
二种推荐技术在此推荐
结果的基础上进一步做
出更精确的推荐

层叠

变换

根据问题背景和实际情
况或要求决定变换采用
不同的推荐技术

采用多种推荐技术给出
多种推荐结果，为用户
提供参考

混合

加权

加权多种推荐技术结果

图 3-2　常用的四种组合方法

3.1.2　短视频推荐流程

一般而言，一条视频发布后会经历以下流程。

（1）视频初审

初审是对内容的第一道审核，主要考察的是内容是否符合平台的发布规范，一旦违规，视频便会被退回不予收录，或者被限流。常见的违规问题包括：低俗、虚假、传播负能量等。如果出现严重的违规行为，将导致账号被惩罚或者封禁。

（2）上线二审

上线后系统会进行画面消重与关键词匹配，如果相似度太高，则会进行低流量推荐或仅粉丝可见。

（3）首次推荐

首次推荐是指针对新发布视频的冷启动，一般是发布后的2~24个小时，平台会根据多方面信息将视频推荐给可能感兴趣的用户。

（4）扩大推荐

如果首次推荐的效果好，则会进行扩大推荐，在这个阶段，不管是大V还是新账号的待遇都是相同的。但是视频的推荐量会根据曝光度的增加而增加，并不设置上限。

（5）复审

在视频被推荐的过程中，如果推荐量很大或者负面评论较多出现用户举报密集的情况，就会被送入复审。在复审中如果被系统发现违反平台的审核规范，便会停止该视频的推荐，严重情况将会受到处罚。

3.1.3　推荐量低的两大原因

当你的视频推荐不好时，我们首先要考虑以下两点原因，以判断是否由于推荐效果以外的原因造成的。

短视频是否属于小众内容，比如特别小众的知识分享，这类知识目标受众人群有限，而这便会导致短视频的一系列数据变低，没有达到平台要求，自然不会给我们过多推荐量。

当下是否有全网热点或者爆款，推荐系统是从上百万甚至上千万条视频里面把你发布的视频选取出来。如果你发布视频的同一时间有其他内容更受用户喜爱，那么你的视频就不会得到更好的推荐，也就是说，每一条视频的推荐量不仅取决于内容本身，还取决于当时整个内容池其他视频的表现。

在排除这些原因后，则可以判断是视频的推荐效果不好，我们需要逐一排查是哪一项数据拖了后腿，这里需要注意的是，不能只关注单一数据，我们需要综合各个指标评估对待。

3.2　根据反馈指标决定最终推荐量

一个短视频在发布之后，平台推荐是实现爆发性增长的关键，只有高推荐量的视频，才有可能上热门、成爆款。那么什么是获得高推荐量的关键呢？那就是用户反馈指标，我们以抖音为例，来分析一下用户反馈指标对于推荐量的作用有多大。

在抖音采取的推荐机制中，即使没有粉丝基础的创作者所发布的内容也会被分到上百甚至上千的流量。这是由于当创作者发布视频后，抖音会根据其所在位置，优先将内容推荐给"附近的人"，再根据这部分用户的反馈指标（见图3-3），让视频获得更多的推荐量。如果数据没有下降，会继续推荐；如果数据下降了，则会减少推荐，依此类推。

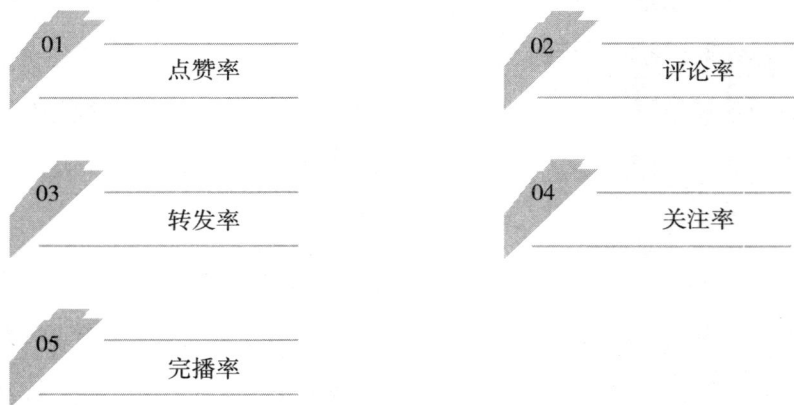

01 点赞率	02 评论率
03 转发率	04 关注率
05 完播率	

图 3-3　抖音平台决定推荐量的用户反馈指标

由此可见用户反馈指标在推荐机制中起到的作用。当然，每个平台的推荐机制不一样，决定推荐量的反馈指标也不一样，但却离不开以下五大关键指标，它们贯穿各个视频平台的推荐机制，决定着一个短视频的最终推荐量。

3.2.1　完播率

当一个视频发布出去后，最重要的一个评判指标就是完播率，一般情况下，视频的完播率越高，视频点赞量、评论量和播放量也就越高。不过现在大多数人拥有的都是碎片化时间，这就导致他们很难完整地观看完一个视频，所以要想提高完播率，首先要将视频时间不断缩短，并在短时间内将内核表现出来。

然后就是分析内容，我们需要对内容中明显集中的跳出点进行总结，避免一直出现这样的问题，以保证用户能够完整看完视频。例如，某视频在前3~5秒时跳出量非常高，调查发现，该条视频内容是结合当天热点"确认过眼神，我遇上对的人"制作，但由于用户已经看过很多关于热点方面的内容，于是再次看到相关内容便直接跳过了。针对这样的情况，我们需要在视频中制造出意想不到的点，类似"确认过眼神，你不是对的人"等内容，让用户猜不出视频的"套路"，吸引其对后续内容的好奇心，提高完播率。

3.2.2　互动量

互动量是一个笼统的概念，它是指视频播放后，我们与用户之间所产生的互动评论。大部分创作者所理解的互动，其实都只是用户单方面产生的一个动作，而只有我们与他们进一步沟通，才能叫作"互"动。那么我们该如何提高这种互动呢？

首先我们需要对用户进行引导，鼓励用户留下自己的意见。然后再针对其中较为不错的内容进行点赞、互评，以吸引更多用户来和你互动，重点跟进经常与我们产生互动的用户，因为他们有可能会发展成为我们的"粉丝"。这里我们可以关注一下企鹅媒体平台，它的粉丝模块第一个就是"评论管理"，即在普通的评论功能基础上，将评论标记为精选。这可以满足粉丝的成就感，从而使其越来越愿意评论。

当然，我们需要的是有意义的评论，对于一些无意义的评论建议删除掉，如"互粉""到此一游"等，这虽然能够提升评论数量，但却会让其他用户丧失想要评论的欲望。因为有时候一个评论比视频内容更有吸引力。

3.2.3　转发量

转发是建立在用户喜欢的基础上，愿意把内容分享给身边的朋友，所以想要获得更多推荐，就要发动更多人转发，这是大多数短视频平台推荐机制的一个核心要点。而要想视频获得较高的转发量，一个最有效的办法就是我们的视频内容能够表达出个人的观点或者态度。例如，抖音账号"万万没想到的搞笑"中有一个内容是关于口罩的，大致是讲现在越来越喜欢戴口罩了，不仅能防疫，还能遮丑，还能省口红，遇见讨厌的人还能假装不认识。这段话讲出了大部分人的心声，于是便获得了6.4万的转发量。

另外，我们也可以建立起相关的分享群或者互动群，将我们的短视频分享到这些群里，号召群成员转发点赞，基本上如果不涉及个人利益，大家都会愿意去转发分享的。

3.2.4　点赞量

点赞量意味着用户对此视频的喜爱程度，因此平台对于用户的点赞行为有一个权重加持，进而影响到推荐量，点赞量越高，相应的推荐量也会提升上来。我们可以根据一个视频的点赞量来制作节目，很多内容创作者会针对一个主题来制作相关的系列视频，就是由于用户对该主题内容的视频非常喜爱，从而促使创作者产生了想要做出第二期的想法。例如，抖音创作者"钟奇钟奇"就发布了两期关于"小时候的你"这一视频，其中第一条短视频的点赞量高达89.9万。当然，如果点赞数据不够好，则需要适时放弃做第二期的打算。

3.2.5　关注量

所谓关注量，也即涨粉量，它的公式（见图3-4），其中新增关注数量是指用户在该视频内容上产生的关注行为数据，同样地，取消关注数量也是如此。该指标不仅能决定视频的推荐量，而且还能从中看出该账号是否具备成为一个"大咖"的潜力。不过要想获得更多的人关注，需要结合前四项指标的共同努力。如果出现了互动量、完播率等数据都很可观但就是不增粉的情况，则需要结合视频内容来对视频进行分析并修改。

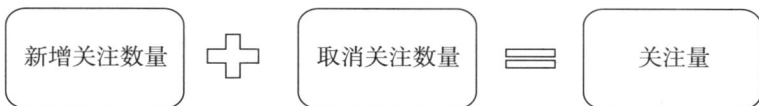

图 3-4 关注量公式

3.3 标题，标题，能吸引人眼球的标题

可以说，标题在视频中起到的重要性占80%，因为用户第一时间关注到的就是标题，如果它不能抓住用户眼球，那么这个视频极有可能会面临失败。因为它在一定程度上决定着用户是否会打开视频，以及之后的一系列点赞、评论、关注等行为。此外，平台的推荐算法也会从标题中提取关键词，并根据这些关键词将视频推荐给感兴趣的用户。可以说，标题影响着一个视频的推荐量，那么如何取一个既精准又有吸引力的标题呢？它包括以下四种方法。

3.3.1 要精准描述内容

在取标题时，提倡精准描述视频内容，只有清晰的标题才更容易被定向推荐给目标用户，推荐越精准，用户打开视频的可能性也就越高。那么该如何精准描述视频内容呢？这里我们可以采用三段式标题结构，它有一个公式（见图3-5）。其中，"事件"是一个视频的概括，"关键信息"是一个视频中的爆点、亮点。

图 3-5 三段式标题公式

我们来看西瓜视频的一个标题"试吃250元6只大闸蟹,直接流油满满蟹黄,真的不能再好吃了!"标题中的第一个部分就是对视频发生的事件进行高度概括,即"试吃250元6只大闸蟹";第二部分就是该视频最大的亮点,"蟹黄满满""直接流油"这两个词语可以勾引用户的食欲,是整个视频中最大的亮点,它能帮助我们吸引更多用户打开这一视频;第三部分就是调动用户的情绪,通常使用类似"不能再好吃了"这样的感叹句,当然这一部分我们也可以选择性地忽略。

不过需要注意的是,一个标题字数控制在20字左右为宜。据相关调查显示,播放量高的视频标题字数都在20字左右。

3.3.2 巧设反问或疑问

标题的使命在于吸引用户的观看欲望,那么如何才能勾起用户的观看欲望呢?就是充分利用"好奇心",疑问或反问能够激起用户的好奇心,触发他们点开视频的欲望。它有一个非常好用的公式就是"如何 + 好处",简单来讲就是通过"如何"式标题向用户做出承诺,为其提供有价值的信息。

例如"如何在7天之内瘦身五斤,七个技巧让你成功变身""我是如何变白的? 5个经验分享,一般人不告诉她""如何……"等,当用户看到这些标题后,会迫不及待地点进视频获取相关信息。相反,如果标题变为"5个美白秘诀""瘦身秘诀",则会使用户瞬间失去浏览视频的欲望。

当然,"如何"也可以被替换成其他疑问词,例如"怎样""为什么"等,重要的是要在这些词语后面加上给到用户的好处,如果不能满足其相应的需求或者利益点,那么即使他们会因为"疑问"点开视频,也不会将其完整观看。

3.3.3 利用数字和符号

数字式标题是很多短视频运营者屡试不爽的妙招，活用数字可以让用户在理解视频标题时更加具体直观，据研究显示，含有数字的标题可以帮助用户快速辨识记忆。而且对于用户的刺激效果也非常大。不过这里指的是阿拉伯数字，而不是传统的汉字大写数字。

比如"101种短视频标题模板与套路，帮助你轻松写出打动人心的标题""球场上最怕碰到的4种人""5分钟教你在家制作美容养颜的芒果奶茶"。这些数字可以让标题更加具象化，去突出视频的亮点。

另外在标题中适时增加符号，也可以在某种程度上引起用户观看的欲望，比如叹号用于表达强烈的情感、问号能吸引用户的好奇心等。不过需要注意的是，千万不能连续使用标点符号，但是有一个例外，比如利用一个叹号和问号来强调句式的时候，是被允许的。

3.3.4 在标题中贴标签

在标题中贴标签可以增加短视频的代入感，其目的是拉近用户与创作者之间的心理距离，让用户感受到视频内容与其切身利益息息相关，而一旦用户有意借助短视频进行自我表达，便会激发其在社交网络内的分享行为，很多爆款短视频便由此而来。标签主要分为以下两种。

（1）人群标签

常见人群标签有"北漂族""学生党""××星座""游戏达人""科技达人"等，它可以快速和相同目标人群产生直接对话，更加容易引发相同标签族群的情感共鸣。例如，"上班族的常态，你们是不是也这样"这一标题就能够与"上班族"产生对话，引发共鸣。

（2）地域标签

贴地域标签能够帮助推荐算法快速识别，也更加利于用户精准查找，比如"成都最接地气的牛排，性价比无敌了"这一标题，平台会优先将视频推荐给位于成都的用户，而且用户在获取信息时也很方便直观。

3.4 高推荐量视频封面的三大特点

封面关系着一个视频的播放量以及推荐量，因为平台会从封面中截取相关信息进行精准推荐。另外，封面是传递视频内容的直观因素，在短视频平台中，一条视频的封面几乎占到手机屏幕的一半甚至全部，如果封面不够引人注目，那么视频就只能停留在初始推荐中，很难再获得更高的推荐量。所以说，选取视频封面绝不能敷衍了事，它需要有以下三大特点。

3.4.1 封面需具备三要素

一般来讲，每个短视频封面都会形成自己的风格和模式，而且有些视频封面还有一个明显的成长变化过程，但有一个大前提是，封面必须满足平台对于"优质封面"的判断，否则即使风格再独特，推荐量都不会高，甚至没有推荐量。那么什么才算是"优质封面"呢？它需要具备以下三要素。

（1）画面要清晰、整洁

封面相当于视频内容的载体，必须要清晰。毕竟清晰的封面比模糊的封面会更让人有点击观看的欲望。所以在上传视频封面之前一定要清楚各个平台的尺寸要求，比如西瓜视频的尺寸为1280×720，如果尺寸不符合也不要随意修改，这样会损害画质，而是要使用专业的工具进行裁剪。

画面清洁是指封面中避免出现以下五种事物（见图3-6）。另外，关于封面压字的问题，普遍来说不建议封面图片压字，但灵活运用也能为封面图增色。

图 3-6　封面中避免出现的五种事物

（2）构图要居中或对称

封面构图要居中或者对称，也就是说画面主体要位于中心或者相互对称，这样不仅美观，而且还能够更大程度地突出信息。比如西瓜视频创作者"翔翔大作战"的视频封面（见图 3-7），往往选取的都是其本人作为主体且位于画面中心，这样不但便于机器抓取，在个性化推荐时也更容易抓住用户注意力。

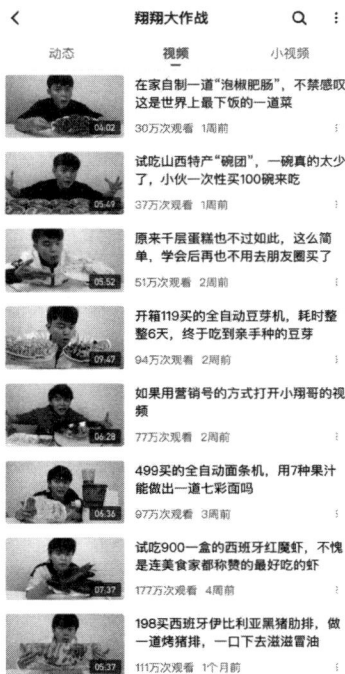

图 3-7　西瓜视频创作者"翔翔大作战"的视频封面

（3）封面要与内容相关

封面与内容相关是为了让用户清楚地了解到你的视频所要表达的大概内容以及重点，这样不容易错失用户的点击量。比如你的视频是在讲解如何化裸妆，那么封面一定是"你正在化妆"这样的场景图片，但如果你为了吸引用户注意力，放了一张"美女正在化妆"的图片，则会使用户在看到视频时产生落差感，进而对你取消关注。所以封面图一定要与视频内容相关联。

3.4.2　封面要展现视频爆点

一个好的封面，往往要能展现视频中的"爆点"，它能让用户对你的封面产生强烈的好奇心，想要打开视频一探究竟，进而获得更多流量。那么该如何展现视频中的爆点呢？主要有以下两种方法。

（1）传递关键情绪点

以人物为主体的封面要注意通过人物来传递关键情绪，作为社会性动物，人本能地对同类语言、动作以及面部表情等存在感知，并产生联想，进而愿意点击视频。那么该如何传递关键情绪呢？一个非常好的办法就是通过夸张丰富的表情传递。

还有另一种情况，就是以物体为主的封面虽然不能传递关键情绪，但是也要突出重点，比如叫别人如何做××食物的视频，我们就可以将最后的成果展现出来，以此来引发用户的食欲。

（2）在封面上增加标题

在封面上增加标题的方法更适用于以阐述"知识"为主题的短视频，类似"打耳洞注意事项""隐形眼镜注意事项""一招解决 Wi-Fi 满格网速慢"等这些能够概括视频中关键点的文字，让用户可以区分视频的重点、亮点。不过在设置标题字体时需要注意以下两点。

字一定要大。对于封面来说，醒目的文字内容往往能一下抓住用户眼球，一般情况下，字体最好不要小于24号。

文字在精不在多。如果封面上放了太多文字，则很难让用户集中注意力，甚至会增加他们的烦躁感，得不偿失。所以在做封面的时候，要学会提炼出最关键的内容，我们可以从标题中总结或者缩减。

3.4.3 封面要强化IP形象

封面要尽可能地具有标志性，这一点我们可以直接利用IP形象或者添加品牌元素来达成，毕竟注意力是记忆力的基础，只有形成固定形式，才能在用户的大脑中产生深刻印象。

比如抖音创作者"哈搜先生"的视频封面往往选取的都是个人IP形象，并有意识地强化用户对其形象的记忆，增强用户黏性。

所以制作封面的时候，可以有意识地强化自己的IP、品牌形象，主动给自己"贴标签"，如个人形象、品牌元素、LOGO等，以此给用户留下深刻的印象。

3.5 紧跟热点上热门

每当发生热点事件的时候，我们会发现很多账号都会在短时间内从不同角度去解读这个热点，而且这类内容的数据都不会太差。那么为什么会产生这样的现象呢？因为热点就像一个巨大的流量池，如果运用得当，不仅可以带来不错的曝光，还能让大量用户变"粉丝"。当然如果热点运用不好，那可能就会适得其反。所以不是所有热点都可以借用，它是需要技巧的。

3.5.1 提前准备可预见热点

所谓可预见热点，是指国家法定节假日、纪念日、大型赛事活动等，它的特点是可提前预见，有充足的时间供我们准备，而且受众群体较为广泛。所以对于这些可预见热点，我们可以提前准备，在热点来临之时直接引爆。

2019年国庆节，抖音创作者"小囧君"发布了一条关于国庆节冷知识的内容，比如英国的国庆节被定在女王生日那天，韩国一年有五次国庆节等。该条视频内容因为结合了"国庆节"的热点，所以发布之后便获得了高达10.7万的点赞。

2020年愚人节，西瓜视频创作者"刘铁雕Rose"发布了一条标题为"那些可以载入史册的愚人节经历"，借着愚人节的热度，该视频在发布之后仅一天便获得了20.1万次观看。

不过需要注意的是，除了国家法定节假日之外，一些自带热点属性的小众化节日、纪念日、会议展览、赛事活动常常容易被运营者疏忽，比如"世界读书日""世界动物日"等。这里有一个小技巧，就是我们制作一份自己的"营销日历"，将所有的热点事件都清楚地记在日历上，这样就不会忽略一些小众化节日、纪念日等可预见热点了。

3.5.2　快速切入突发性热点

突发性热点，是指社会事件、娱乐八卦、直播新闻等不可预见的活动或者事情，它有两大特点（见图3-8）。绝大部分突发性热点都来源于各大社交网站，所以要获取热点信息，我们需要实时关注这些网站的热点热榜。

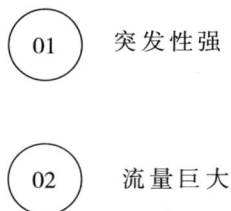

01　突发性强

02　流量巨大

图3-8　突发性热点的两大特点

2020年3月31日，教育部发布"2020年全国高考延期一个月举行"的消息之后，全国网民都在讨论这一话题，短视频创作者当然也不会放过这个热点话题，纷纷从自己的角度制作了相关内容，并发布到平台上。比如西瓜视频创作者"强老师儿"便在当天发布了一条标题为"今年疫情防控之下，高考真的延期了，高三考生会开心吗？"的视频，一经发布便获得了5.4万的播放量。

可以说，"强老师儿"的这个热点做得是非常成功的，但当我们遇到这种突发性热点时，正确的做法不是一哄而上，而是快速对热点信息进行多维分析，再来确定该热点是否该蹭，否则就会出现适得其反的效果。

（1）时效性

即判断热点正处于哪个阶段。1~6小时，用户会对这个热点事件保持最大的兴趣，并愿意接受不同的观点；7~12小时，用户对于该热点的兴趣正在逐渐减少；12~24小时，用户会失去兴趣，因为他们对于该热点已经了解"透彻"，如果热点处于这一时间段，我们只能选择放弃。

（2）热度

热点最基础的就是用户的关注程度和影响度。"高考延期"这个热点，不但所有的高三考生会关注，而且还会涉及一些家长和老师，所以该热点的受众面非常广，值得去蹭。

（3）话题度

也就是这个热点本身是否能够引起讨论。"高考延期"这在之前是很少出现的，再加上疫情的影响，可讨论的因素有很多。例如很多考生会因为高考延期一个月而心情崩溃等。

（4）相关度

即热点信息与自身定位是否具有相关度。"强老师儿"这个账号中的大多数内容都是在针对一些社会现象发表看法，当然，"强老师儿"也可以针对"高考延期"这一社会现象发表自己的观点。

不过需要注意的是,在蹭热点时,千万不能简单将内容复制,那样用户会审美疲劳的。我们要针对热点产出自己的内容,它有一个简单的公式(见图3-9)。比如"今年疫情防控之下,高考真的延期了,高三考生会开心吗?"这一视频,"强老师儿"就是从高三考生是否会开心这一观点融入,最终产出了一个新视频,而不是像其他视频一样只是简单地宣告了一下高考延期的信息。

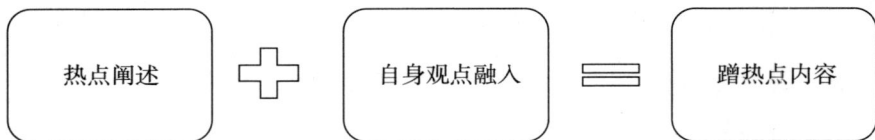

图 3-9　蹭热点公式

3.5.3　紧跟热点的错误思维

蹭热点已经成了运营人的必备技能之一,但依然有很多人在蹭完热点后发现效果依然不好,这可能是因为我们陷入了两大错误思维。

(1)追求及时性而忽略事实

很多媒体为了抢占时间上的优势,连最基本的热点真实性都未做考究。这样做的直接结果就是导致大量用户流失。

(2)触碰敏感话题

凡是涉及国家政策、伦理道德的热点都应该"绕道而行",另外,我们也应该尽量避免带有强烈个人倾向的热点,比如娱乐明星分手、离婚、结婚的话题。

3.6 找到最佳发布时间和方式

我们经常会发现这样的情形，即同一类型的视频，点赞、评论和转发等互动数据差异明显，而且同一个人在不同时间、地点发布的视频表现也是参差不齐。其实影响一条视频数据表现的因素有很多，但有两个不可忽略的因素值得我们关注，那就是发布时间和发布方式。

由于用户的活跃时间不同，短视频的发布时间与最终数据呈现也有着密不可分的情况，通常情况下，在用户活跃高峰期发布的视频内容更容易成为爆款，如果再有最佳发布方式加持，那么成为爆款的概率会更大。

3.6.1 分析正确的发布时间

无论是在工作日或是周末，创作者们发布视频的高峰期都出现在中午11:00~12:00和傍晚17:00~19:00，其中傍晚时段创作者表现更加活跃，与周末相比，他们在工作日17:00~19:00发布视频数量更多。

不同粉丝层的创作者发布视频的高峰期与平台整体相差不大。其中，不同粉丝层级的创作者在中午表现相差较小，但在傍晚，粉丝量越高的创作者，发布视频数量占比越高。值得注意的是，粉丝在300万以上的网红，在工作日17:00~19:00内发布的视频数量接近全天总量的一半。

而且由于碎片化时间较多，在17:00~18:00发布的视频更容易收获互动，中午11:00~12:00点的视频表现也不错。另外，周末上午9点发布的视频也能有一波流量。在工作日期间，红人在17:00~19:00发布的视频收获互动更多。其中，粉丝100万以上的"大号"互动占比更高。周末，在9:00~13:00发布的内容也能有不错的收获。

通过上述信息我们可以得出两点有效讯息：

第一，每天中午11: 00~12: 00和17: 00~18: 00发布短视频最佳，因为这两个时间段正是用户午休或者下班的时间。大部分用户都会在这些碎片化时间内浏览短视频。因此，在这两个时间段发布短视频最易获得流量。

第二，周末上午9点也是不错的发布时机，一般情况下，用户的周末时光都会宅在家里休息，而上午9点正是醒来后躺在床上"无所事事"的阶段，因此在这个时间发布短视频也可以获得大批流量。

不过需要注意的是，当我们找到最佳发布时间之后，就要形成一个固定的发布规律，也就是每天在同一时间段发布，这样有助于增加用户黏性。

3.6.2　灵活使用@和#功能

随着移动社交的出现，@功能也随之出现。该功能可以让你或者被你@的那个人第一时间接收到传达的信息。所以我们在发布短视频时，可以灵活使用@功能，使用步骤如下（见图3-10）。

第一步：上传或拍摄视频 → 第二步：在发布页面上找到@按钮 → 第三步：点击@好友，并找到好友页面 → 第四步：选择你需要@的人 → 第五步：发布短视频即可

图 3-10　@ 功能的使用步骤

经过上述步骤之后，你就可以轻松发一个视频，然后特别@这个好友观看你的视频，那么我们需要@谁呢？具体分为以下三类。

假如你发布的一个短视频内有你的短视频好友参与，那么可以@这个好友一起观看，如朋友聚会、合拍等。在这些情况下，我们可以@好友，提醒对方，并且让好友一起转发并点赞。

想要让自己的短视频发布更加火热，可以@一些明星或者红人，这样可以为我们的短视频带来一定的流量。例如2019年《亲爱的，热爱的》这部电视剧火遍全网，很多影视领域的短视频都在发布该剧的内容，如果想要更多流量，可以尝试@一下这部剧的官方短视频账号或者参与该剧的演员的账号。

你还可以@同行大号或者官方账号，如@抖音小助手等，让这些粉丝量较多的账号可以看到你，并让他们的流量带动你的热度。

3.6.3　学会发布短视频预告

在发布短视频之前，我们可以进行预告操作，意图是让更多人知道我们的短视频发布时间，尤其是对那些做电商的短视频运营者来说十分重要。我们可以通过微博预告，它是当前人们与粉丝互动的最佳社交平台。如果我们要直播或者通过短视频发布新产品等，可以在微博上预告。当然了，这需要我们在预告时给粉丝一些福利，这样粉丝才能按时观看你的直播或者短视频。

例如，薇娅在直播前都会与粉丝互动，进行直播预告，并发送相关优惠："带话题#薇娅直播间#转发＋关注 晒晒你们最爱的家居好物，抽10个人平分10000元幸福基金！"（见图3-11）。

图 3-11　薇娅在微博做直播视频预告

当然了，除了微博之外，还可以在 QQ、微信或者其他贴吧等社交平台做预告。

3.7　什么情况下会被拉进小黑屋

随着短视频的飞速发展，各个短视频平台所拥有的用户量也越来越多，相应的规章制度也变得多了起来，毕竟一个平台想要继续发展下去，就一定要有自己的规则，否则大家想发什么就发什么，不但会埋没优质视频，而且还会使平台发展受到阻碍。

当然，随之而来的情况便是，很多人由于不清楚平台的规章制度和社区规则，导致账号被拉进小黑屋，并且被封禁设备，轻则几天，重则永久，而一旦被永久封禁，想要平台自动解禁的可能性很低，基本为 0。那么什么情况下会被拉进小黑屋呢？主要分为以下三种情况。

3.7.1　发布严重违规内容

账号被封禁，一般都是因为发布了平台禁止发布的内容，这种红线是一定不能碰的，即使是钻规则的空子，被发现后也会被严肃处理。下面我们以抖音为例，来看一下平台禁止发布与传播的内容：

①反对宪法所确定的基本原则的。

②危害国家安全、泄露国家机密、颠覆国家政权、破坏国家统一。

③损害国家荣誉和利益。

④宣扬恐怖主义、极端主义。

⑤煽动民族仇恨、歧视以及破坏民族团结。

⑥破坏宗教政策，宣扬邪教和封建迷信。

⑦散布谣言，扰乱社会秩序。

⑧散布淫秽色情、赌博暴力、凶杀或者教唆犯罪的内容。

⑨含有法律、行政法规禁止的其他内容。

⑩美化侵略者和侵略战争，亵渎英雄烈士。

⑪传授犯罪方法或者美化犯罪分子以及行为。

⑫含有涉毒、竞逐等危险驾驶，欺凌等违反治安管理的内容。

⑬侮辱或者诽谤他人，侵害他人合法权益。

⑭违法开展募捐活动。

⑮发布违法网络结社活动信息和涉嫌非法社会组织的信息。

⑯未经授权使用他人商号、商标和标识。

⑰侵犯他人著作权，抄袭他人作品。

⑱宣传伪科学或违反科学常识的内容。

⑲展示丑陋、粗俗、下流的风俗，宣扬奢侈堕落的生活方式。

⑳展示自残自杀内容或者其他违反动作，引起反感或者引发模仿。

㉑展示不符合抖音用户协议的商业广告或者类似的商业招商信息、过度营销信息及垃圾信息。

㉒残害、虐待、体罚未成年人。

㉓涉及实施未成年人性侵。

㉔展示校园欺凌的内容。

㉕其他危害未成年人人身安全和健康的内容。

㉖推销或演示可能危害未成年人人身安全的玩具物品。

㉗含有未成年人饮酒、吸烟、吸毒行为的内容。

㉘披露未成年人的个人隐私或者有损未成年人人格尊严。

㉙展示未成年人婚育内容。

㉚宣扬未成年人弃学的内容。

㉛歪曲和恶搞经典卡通形象或供未成年人观看的其他文艺作品。

除此之外，以下五类违禁用语（见图3-12）也要尽量避免出现，否则也会被拉进小黑屋。一般来讲只要我们遵守官方的规定，是不会出现被封禁的问题的，但也不排除存在误封的可能。所以如果认为自己的账号没有任何违规问题，可以向官方申诉，进行抖音账号解封。

○ 严禁使用不文明词语，包括法克鱿、碧池等谐音词语

○ 严禁使用疑似欺骗用户的词语，包括免费领取、非转基因更安全、点击有惊喜等

○ 严禁使用诱导消费词语，包括"秒杀""再不抢就没了"等

○ 严禁使用种族、民族、性别歧视用语

○ 严禁使用化妆品宣传用语以及医疗用语

图 3-12　抖音官方五类违禁用语

3.7.2　发布营销广告

如果出现微信号、电话号码、企业或者商铺名称等明显招揽信息，或者具有曝光和指向性的信息，就会被限制。或许有一些人会为自己申辩，在拍摄视频的时候总会无意间出现一些品牌标志或者商铺名称等，这是无法避免的。对于这种情况，平台处理的方法是如果视频中长时间展现，那么也会被判定为营销内容，限制其流量。

那么该如何防止这种情况出现呢？只有一个办法就是减少营销内容的出现，如果想为产品做广告，可以在评论留言区将用户引导到微博微信中，但也不能过于频繁，否则依然会被平台审查。等到账号达到要求后，便可开通平台内的店铺功能，比如抖音的商品橱窗、快手的快手小店等，我们就可以将想要推广的产品放入其中，用户只要点击页面即可看到产品的具体信息。但是需要注意的是，一些短视频平台会有禁止售卖的产品，当我

们在开通店铺功能时，需要注意自己的产品是否符合要求，千万不要售卖违规产品，否则就会被封禁。

3.7.3 出现虚假作弊行为

当创作者以不良手段获取巨大虚假流量，如刷粉、刷赞等虚假刷量作弊行为，严重影响平台正常交易秩序时，便会被拉进小黑屋。那么该如何改善这样的情况呢？即多参加平台发出的挑战活动或者话题，这样不但能够使内容优质有趣，而且还能获得一波活动的热度。

例如，西瓜视频推出了"春暖花开，樱为有你"的主题活动，为了鼓励创作者踊跃参与，只要发布相关的优质内容便会得到推荐流量扶持。

所以我们根本没有必要为了一些数据而刷量刷赞，多参加平台活动，视频的各种数据自然会变好。除此之外，账号内的视频也是绝对不能搬运的，如果被其他用户发现举报后会被限制并重新审核。

4 权重提升:

推荐量 100 和推荐量 100 万的差别所在

账号权重指的是短视频平台的一项数值，简单来说，就是短视频账号在平台中的权威程度，权重越高的账号往往越被平台重视，自然推荐量也就越高，曝光量越大。但这也是很多新手常常忽略的问题，导致账号沦为僵尸号，不再具备变现的能力，所以要想获得平台更多的推荐量，首先要提升权重。

4.1 养号打造高权重账号的第一步

要想打造高权重账号，要做的第一步也是最基础的一步就是"养号"，它能防止账号被平台误判为机器或者营销号。不过由于养号的作用太小，这一步通常被很多人忽略，但时间长了就会出现以下三种情况（见图4-1）。那么养号的技巧都有哪些呢？

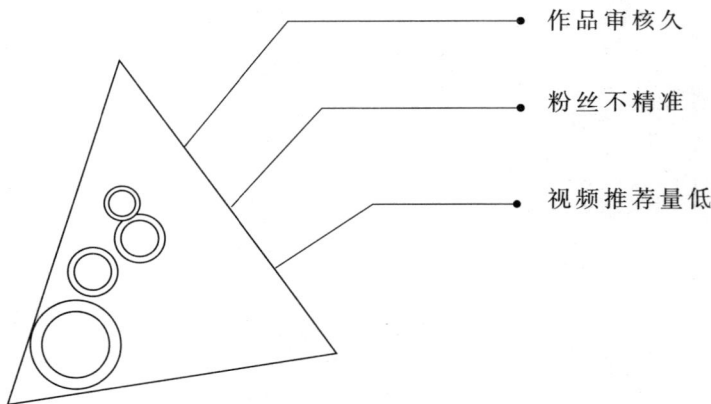

图 4-1　不养号会出现的三种情况

4.1.1 完善账号信息

要想养好一个账号，首先要保证用一部手机的一个手机号注册一个短视频账号，如果一个手机号注册多个账号则会被平台识别，进而影响账号权重。另外，最好固定在一个手机上登录，而且千万不要在同一手机上登录多个账号，登录时最好使用手机流量，或者不要在同一 Wi-Fi 下同时登录超过 5 个账号，否则会被平台判定为营销号。所以一机一卡一号是最安全的方式。当然，我们也可以绑定第三方账号，如微信、QQ、微博等。

当我们绑定好手机号之后，就要进行实名认证了，它有两个途径：一个是手动认证，即输入自己的真实姓名和身份证号码；另一个是人工认证，即本人手持身份证，保证身份证上信息清晰可见，然后同意抖音用户协议及隐私条款，上传照片即可认证。不过需要注意的是，最好使用自己或者自己亲人的身份证号码进行认证，因为一旦认证成功，后期就很难再更改相关信息，唯一的方法就是注销账号。

最后就是完善基础信息，主要包括头像、昵称、性别、生日、所在地区、个人简介，一些短视频平台还会要求创作者设置学历信息，基础信息确定之后就不要轻易改动。通常情况下，账号注册时间越长，权重越高，不过需要注意的是，在账号没有做大之前，最好不要在个人简介中出现微信、QQ 等账号信息。

4.1.2 做好养号操作

很多人在账号注册之后为了获得流量，就迫不及待地发布短视频，然而这样做不但不会给账号引流，而且很快你就会发现账号粉丝增长慢、视频流量低。这是因为我们的养号操作不准确，影响账号权重。那么我们该如何操作才能养好一个账号呢？我们需要做到以下两点。

第一，我们每天应该浏览首页推荐以及同城推荐的短视频一小时以上，以及相关直播半小时，并从中找到自己喜欢的内容点赞、评论、转发。在评论时，尽量不要出现一些简单的词语，如"太棒了""真好看"等，而是要做到有感而发，优质的评论也会给我们增加权重。

另外，在初期养号的过程中如果已经对自己的账号进行定位，比如定位于美食领域，那么我们应该有意识地浏览相关视频或直播，并关注该领域5~10个大号，这样平台就会给我们贴上"美食"相关的标签，这样更有利于后期账号的培养及对权重的提升。

以上这些操作只要维持7~15天即可，具体根据账号情况来定。

第二，短视频养号期间不要发布任何视频，我们可以在浏览他人作品的时候，观察并总结出要点之后再发布自己的作品，每天只要发布1~2条视频即可，发布太多会被平台判定为营销号。一般来说，前5条视频的播放量只要达到500，那么后期视频的推荐量也会相对较高。如果视频的各项数据较为"惨重"，则要查看是否有哪一步没有做到位。

4.1.3　切勿触碰红线

短视频养号本质是为了让系统将账号识别为真人操作，但如果为了养号而养号，那么很容易就会出现错误行为，触碰红线，以至于账号没养好，反而被降权了。那么什么样的行为会触碰红线呢？

一是不要重复同一行为，比如发评论，发一条是加分，但如果出现10条相同内容的评论，便会被扣分。

二是不要使用模拟器，否则会使自己的空间定位变化过于频繁，进而被系统判定为营销号。

三是不要大量点赞，如果还没看完一个视频就点赞，这明显不是一个正常用户的行为，系统会将此行为判定为"刷赞"，所以点赞的视频一定要看完，否则便会降低账号的权重。

4.2　短视频账号的四大权重层级

短视频账号权重是指平台里面的一项内在数值，它会影响作品的曝光度。如果账号权重较高，那么该账号所发布的视频作品获得的初始推荐量就相对较高，反之，权重低的账号所获得的推荐量也会变低。它主要分为以下四大层级，我们可以根据自己的情况查看所处层级，并进行相关调整。

4.2.1　僵尸账号

如果持续一个星期发布视频作品的播放量都在 100 以下，则可视为该账号为僵尸账号，它的权重几乎等于零。那么僵尸账号是如何造成的呢？主要是由于账号初期前五个视频作品的用户反馈数据过低，比如零点赞、零评论等，这时平台便会判定用户对于该账号产出的内容不感兴趣，自然也不会给过多推荐量，那么即使后期发布再多优质内容，也无法挽救这一情况，因为你的内容已经被平台过滤掉了，这类似于第一印象效应，如果第一印象不好，那么之后产生的交集也不会过多。

针对这种情况，我们需要将此账号注销，这样手机号在注销期过后还能重新注册一个新的账号。或者我们也可以将该账号当作一个"评论号"，即为粉丝层级较高的账号评论、点赞、转发等。

4.2.2　最低权重账号

如果持续一个星期发布视频作品的播放量在 100~200，那么则可以将其判定为最低权重账号，其所发布的作品会被推荐到低级流量池，这种情况持续半个月或者一个月依然没有突破，便会被降为僵尸账号。

这类账号非常危险，建议提高作品质量。例如，很多电商账号所发布的视频，都只是简单地展示产品或展示其功能，时间一长，用户便会对该类视频产生审美疲劳，那么该如何改善这样的情况呢？以母婴账号为例，我们可以上传一些关于母婴育儿的知识，并将产品夹杂在这些知识中间，这样不但增加了视频的可看性，而且还大大增加了产品的曝光度。

另外我们也可以通过改善视频质感，比如清晰度等，来提高作品质量，因为高清画质能够提升用户观看体验，使用户更深入地沉浸到视频中。

4.2.3　待推荐账号

如果账号发布的视频作品播放量维持在1000~3000，那么可以判定为待推荐账号，在这个阶段的账号权重相对较高，一般能够被平台推荐到更高的流量池。

针对这类情况，我们应该赶快提高作品的播放量以及点赞数，让系统将作品推荐到更高的流量池。而要想做到这一点，则需要我们在视频描述文案中，引导用户完成点赞、评论、转发或看完视频的动作。比如很多人为了让用户看完自己的作品以提升完播率，便会在标题中添加"一定要看到最后"这样的文字。

除此之外，我们还可以通过用户准备"奖品"提高相关数据，比如女足守门员赵丽娜在抖音上发布了一条关于"评论抽奖"的视频，并为此获得了1388条评论，相对于每条视频只有几百条评论，该视频的评论量算是一个质的飞跃（见图4-2）。不过需要注意的是，奖品需要有价值，不能欺骗用户，抑或拿一些华而不实的东西敷衍用户。否则，用户便会生出被欺骗的感觉。

图 4-2　赵丽娜在抖音上发布的"评论抽奖"短视频

4.2.4　待上热门账号

如果账号发布的视频作品播放量持续在 1 万以上，那么该账号为待上热门账号，由于其权重非常高，离上热门仅有一步之遥。这一阶段的账号非常容易出现"一夜爆火"的现象，当然这是由于多个视频的积累。

例如，抖音创作者"多余和毛毛姐"就是通过《城里人和我们蹦迪的不同》这一视频中的亮点台词"好嗨哦，感觉人生已经到达了高潮，感觉人生已经到达了巅峰，好震撼、好夺目、好炫彩"爆火网络，但这并不是偶然事件，主要是靠他之前发布的一系列相关视频的积累，比如"分手就分手，为什么要改密码""多带父母出去旅游，让他们享受生活"等视频，都是创作者操着一口贵州方言在短视频里演绎各种角色。

所以说，"一夜爆火"并不是谁都可以，而是要靠不断积累才能实现，处于待上热门阶段的账号，千万不要急于求成，为了上热门或者获取更多流量，而不断蹭热点，这样不但会导致内容质量下降，还会让我们的账号权重层级不断下降。

4.3 官方认证增加账号权威性

几乎所有内容创作者在制定短视频运营方案时，都会把官方认证作为首选项目，而且越早完成越好。因为它不但可以让我们获得比普通账号更高权重以及更多特权，而且也可以作为平台上的权威信用背书，使得账号更具官方属性，增强与用户之间的信任。那么该如何进行官方认证呢？我们以快手为例，来看一下快手的官方认证操作步骤。

4.3.1 个人认证

快手的个人认证是指具备一定知名度的个体，它适合以下三类人士的申请（见图4-3）。换句话说，不是任何普通用户都可以申请的。你必须满足下列三个条件：

①账号已绑定手机号且通过快手实名认证。

②账号近一个月内至少发布5条视频且粉丝量超过1万，其中国家公职人员至少发布1条视频即可。

③账号无违规记录。

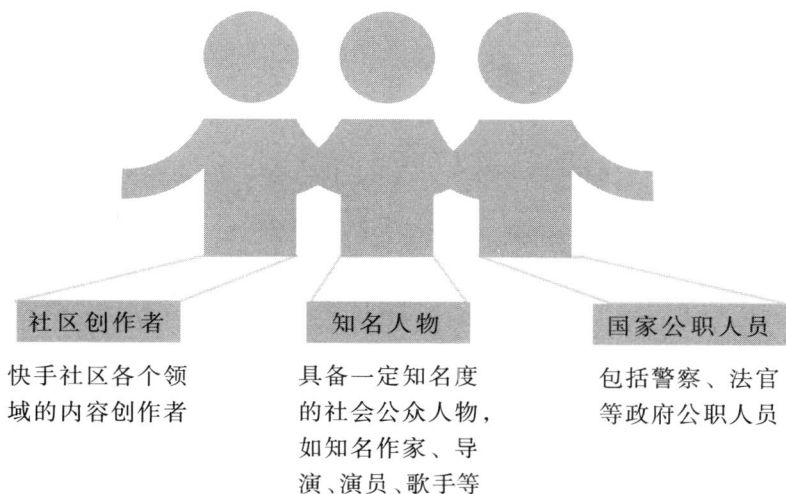

社区创作者	知名人物	国家公职人员
快手社区各个领域的内容创作者	具备一定知名度的社会公众人物，如知名作家、导演、演员、歌手等	包括警察、法官等政府公职人员

图4-3　适合个人认证的三类人士

满足以上条件后，便可申请个人认证，等待10个工作日审核即可。当你获得了快手的个人认证之后，就等于拿到了魁首平台赋予你的网红资格证，让你拥有一些独特的权限，如开直播，或者申请卖货等。

4.3.2　企业认证

快手的企业认证就是快手的商家号认证，当满足一定条件后便可申请企业机构认证，具体操作如下：

①打开快手，点击"设置"中的"账号与安全"，找到"加V认证"里面的企业认证或者机构认证。

②提交企业营业执照（彩色扫描件）、法人/经营者身份证（正反面）。

③提供企业认证公函；该公函可以在企业认证的页面中下载模板。

④支付认证审核服务费：务必使用与认证企业名称一致的账号，以公对公支付的方式支付600元/次认证审核服务费，认证一年有效。

⑤支付成功之后，通过审核。

通过快手官方认证的企业号，可以在快手打造品牌传播阵地。企业号帮助传递业务信息，建立良好的用户互动关系。此外，认证后的企业账号还拥有下列几个特权（见图4-4）。

认证标识
头像加V标识，认证信息让你的粉丝不"迷路"

昵称保护
账号名称保护，增加可信度

搜索推荐
搜索优先推荐，增加曝光让更多的人更快找到你

商家号
享受流量资源、效果洞察等多项商家号权益

图 4-4　认证后的企业账号所拥有的特权

不过任何企业认证都需要符合快手的认证审核标准。下面来看一下具体的审核标准。

①账号信息→头像及背景图：

图片中不得体现联系方式，如微信号、二维码等，且不得使用系统默认凸显或者空白凸显，如果有品牌或者商标，则需与企业品牌或者商标保持一致，绝对不能侵犯其他品牌或者第三方合法权益。另外如果要使用公众人物图片或者品牌信息，需提供相关授权证明。

不得使用明显与认领行业不一致的其他行业图片，比如认领行业为旅游类，使用影视类图片作头像或者背景图。

②账号信息→昵称：

昵称不得含有歧义，误导用户或侵犯其他用户、第三方合法权益；不得冒充其他公司，未按照企业真实情况命名。

昵称应为基于公司或品牌名或产品的全称或无歧义简称，谨慎使用简

称。例如，"顺丰"，应为"顺丰速运"。易混淆词汇必须添加后缀以明确指向性，如公司、账号、小助手等。如果是某公司的业务部门或者分公司、分产品线，昵称不得为公司简称，必须添加后缀说明，如"海尔冰箱"不得申请为"海尔"。

昵称不得单独使用宽泛词汇：A.拟人化宽泛，如"小神童"。B.范围宽泛，如"学营销"。C.地域性宽泛，如"中国美食"。D.行业性宽泛，如"美食"。另外昵称不得含导流或推广信息，包括微信号、微博号等其他平台账号信息。

不得使用个人化或无意义昵称认证企业账号，如××总经理、××客服、小水12345等。

特殊符号仅支持"."" · ""-""（）""—""《》"，商标等资质上带有的中英文基本符号可支持使用，无资质支持的符号不支持。

③账号信息→禁入行业：

在快手中并不是所有企业申请认证都能通过，其所禁入行业包括以下几类。

医疗业：A.医疗健康行业（包括但不限于医院、OTC药物、医疗器械、保健品、消毒产品等）。B.医疗周边（心理咨询、养老院等）。C.宠物医疗机构及医疗周边。D.虚假广告产品，如"张××"止痛胶囊等。

金融业：A.传统金融（包括但不限于信托、私募等），不过"一行三会"会员企业是准入的。B.互联网金融。

非法行业类：A.危险物品类：烟花爆竹、弹弓、弩等。B.两性类：生殖健康（药物、胶囊、用剂、私处紧致用品）、两性产品等。C.赌博类：博彩、赌石、千术等。D.封建迷信类：风水、手相、面相、算命，涉及迷信元素或道具等。E.其他：山寨品牌、烟草行业（包括但不限于烟草制品、电子烟、雪茄等）。

4.3.3　机构认证

在快手申请的机构类型包括三大类：

①媒体：适合报纸、杂志、电视、电台、通信社等其他生产内容为主的组织机构。

②国家机构：中央及全国各级各地行政机关、行政机关直属机构等。

③其他组织：适合易被混淆的自媒体、工作室、社会组织等知名机构团体。

认证步骤：

①准备认证资料：营业执照、认证公函（可在官网中下载）。

②提交认证资料：对上述资料进行提交。

③7个工作日即可完成审核。

4.4　垂直、原创、不断更，权重三原则

许多没有接触过短视频的人都认为，提升账号权重是一个时间紧、任务重的工作，只要前期费点儿心把账号养好，后期就不用再在这方面下功夫。但其实恰恰相反，账号方面的工作只是提升权重的第一步，除此之外还需要我们不断优化自己的内容，输出优质内容。毕竟内容是一个账号的灵魂，如果没有好的内容，必定逃不脱被淘汰的命运。所以说好的内容才能赢得更高权重。那么如何才能输出优质内容，增加权重呢？它需要我们遵循以下三点原则。

4.4.1　内容垂直

内容的垂直度一直是影响账号运营的，很多账号权重下降的原因也有

它的成分在里面。什么是内容垂直度呢？即选择一个领域进行内容创作后，只保持该领域的内容输出，不要试图涉足其他领域，比如做美食就只做美食，做科技就只做科技……这就是所谓的内容垂直度，它的优势有以下三点。

（1）账号权重高

坚持领域垂直的创作，平台会给出相应的标签，然后推送给该领域的用户浏览，相应地各种数据就会有所提升。那么对于自己的账号来说，领域垂直的指数就会提高，账号权重也会随之升高。

（2）内容突破快

很多人做短视频都是一时兴起，没做多久之后因为难做就选择放弃或者转变其他领域，但这样只会更难，因为我们一直在"从零开始"。其实最好的办法就是坚持一个角度的内容持续输出，这样会让你更加了解该方面的内容，得到更好的突破，继而成为领域内的"大咖"。这时候，账号权重就又上升了一个等级。

（3）吸粉精准有效

生产垂直领域的内容，就会吸引该领域下的用户，他们都是精准用户，在后期做变现的时候就会变得非常容易。

4.4.2 原创度高

在短视频平台，原创度是非常重要的。尤其现在各大平台发展日趋完善，已经不需要大量内容填充了，它们需要的是更加精致、对用户有价值的内容。那么什么样的视频符合原创标准呢？我们可以从以下三点着手判断。

（1）自己拍摄

用自己的手机或者摄像机拍摄的短视频，而且要有内涵、有实际意义，这样的短视频可以作为原创视频申请原创标签，但需要注意的是，如果你的视频内容为舞台上的各种表演或者电视剧情，则不能算作原创视频，因为它们不属于你的创作。

（2）二次创作

要想制作原创视频，就要避免成为搬运工，但如果我们将各个短视频的内容进行"有意义的重新设计"，则可以被视作原创，比如给视频增加画外音、评论或者其他创造性的剪辑，都是有意义的。不过需要注意的是，二次创作对创作能力的要求比较高，如果只是把视频进行简单拼接，或者解说点评别人书本上的内容，也是不能算作原创的。

（3）独家授权

如果你得到了原创作品的独家授权，同样可以申请原创标签，不过这需要在视频中显示出你的版权信息，比如在片头片尾加上你的账号名称，或者在整个视频中体现你的特殊 Logo 等。

那么短视频申请原创标签的标准是什么呢？我们以西瓜视频为例（见图 4-5），当我们满足图中基本要求后，系统会自动开放后台申请入口，我们只要按照要求操作即可。

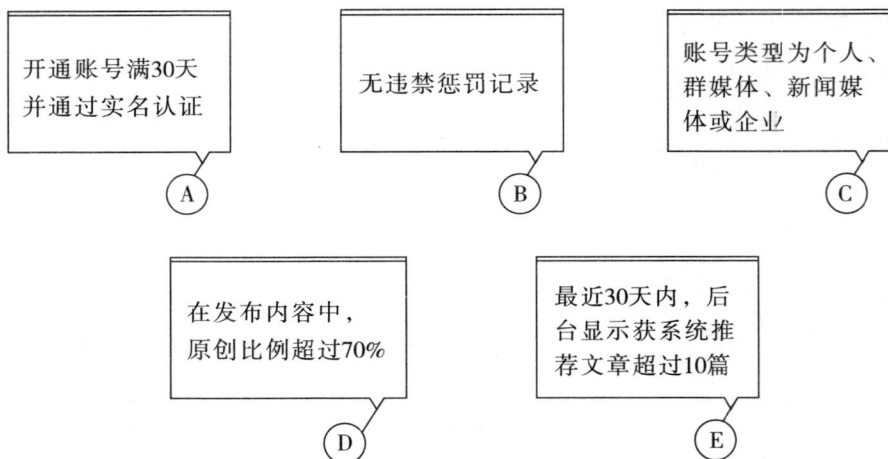

图 4-5　西瓜视频申请原创标签的标准

4.4.3 从不断更

增加账号权重的一个重要辅助，就是持续产出垂直领域内的原创短视频，只有这样平台才会认为你是一个有能力输出的专业作者，同时也可以让用户在关注你的时候保持期待。那么如何保持稳定输出呢？它需要我们做到以下三点。

（1）日更

实际上，这个世界上没有因为一个短视频就爆红的美事。做短视频很累，但坚持才会有收获，只要内容为原创，且保证每天更新，形成良好的更新习惯，就一定能获得用户的认可。当然了，除了得到用户认可外，最重要的是可以得到平台认可，日更的创作者更容易得到平台分发的流量推荐。

（2）不逾越

在保持日更的过程中，我们还应该注意一点：平台禁止的相关内容和关键词一定不要出现。很多短视频平台都有自查功能，当在发布时遇到系统提示涉嫌的违规问题时，一定要改正，千万不能有侥幸心理。一旦被平台识别，你的短视频账号就会被封锁。

（3）数据

分析数据是运营必不可少的技能，从平台给予的播放统计——转发、评论、播放完成度等数据很容易可以分析出短视频是否是用户喜欢看的，特别是播放完成度更能直接地体现出用户的喜爱度，这会帮助我们创作出更多用户喜欢的内容。

4.5　提升用户的互动性与活跃度

每个平台都希望入驻的创作者是个活跃的人，而不是一个僵尸。当然这里的活跃是指喜欢、评论、转发等数量，而这些行为都是需要用户来完成的，所以要想提高活跃度，必须先提升用户的互动性与活跃度，活跃度越高的账号，权重也越高。

4.5.1　引导用户参与互动

所谓"引导互动"，是指在短视频中对用户进行相应的引导，吸引用户更积极地参与互动。比如你可以在短视频中提出问题，发起讨论，可能用户对你提出的某个问题比较感兴趣，便会进行吐槽，参与评论，如此便会大大提升用户的互动性，继而提高活跃度。

（1）在视频中穿插引导

在短视频中，你可以对用户进行互动性的引导，提升用户互动的欲望和积极性。比如你发布了一个关于某社会现象的视频，那么你就可以在视频中加入一句互动话语："大家有遇到过类似的现象吗？评论区留言互动！"

（2）向用户征集创意

你可以在短视频中向粉丝征集某个主题的创意拍摄方法，收集最好的灵感进行加工。这样用户就会参与到短视频的拍摄过程中，他们的参与感自然会爆棚，互动的积极性也会大增。比如抖音创作者"代校长"曾发布了一个视频，标题为"本期出的超级简单的拍照姿势！大家帮我想想下一期拍个啥呢？"他的这一问大大激发了用户的互动性，让他获得了 11.1 万的点赞及 1012 个评论。

（3）故意说错，写错

你在短视频中可以故意说错一句话，回答错一个常识性的问题，抑或故意写错一个字，将"把柄"交到用户手中。这样一来，粉丝必然会惊奇地发现你的错误，继而去评论区指证错误。

4.5.2　在评论区进行互动

短视频在发布之后，一些表达欲强烈的用户会去评论区发表自己的观点或者提出存在的疑问。这时候就需要我们针对用户的留言做好内容互动，给予及时回复。这样不但能够吸引更多用户评论互动，而且还能让该用户认为自己是被重视的，自己的建议和想法都能够被看到。如此一来，你在用户心中便会留下一个好印象，甚至会推动他进行关注转发。不过在评论时需要注意以下两个方面。

（1）尽量在第一时间回复用户

当用户在评论区留言之后，你要尽可能地在第一时间内进行回复，以一个"快"字在粉丝心中留下强烈的好感。回复得越快，代表你对粉丝越重视，那么粉丝对你的好感度自然也就会越高。比如抖音创作者"阿醇"发布的一条短视频获得了 27 万点赞，吸引用户留下了 4.3 万条评论。其内容为用英语的方式说中文。"阿醇"非常重视用户回复的留言，比如一位用户留言："不认真听，还真以为是英语。"于是"阿醇"便在第一时间回复"中国人听不懂，美国人也听不懂系列"。

（2）不要与用户发生争执

有时候，粉丝的评论可能比较尖锐，这个时候你要做的不是针尖对麦芒，而是要顺应他们的期望，展示你按照他们期望不断改进的决心。不过需要注意的是，对于一些辱骂言论，我们完全不需要回复。

4.5.3 发起活动增加活跃度

竞技性、挑战性的活动，在充满趣味的同时，还具有强烈的代入感，能够在很大程度上满足粉丝的好奇，激发他们的竞争意识。因此，充满挑战、竞技元素的活动往往更能激发粉丝的关注，提升他们的活跃度。比如跳高挑战赛、跳远挑战赛、垂钓挑战赛、攀岩挑战赛等。

抖音创作者"陈登星"发起了一项"摸高挑战"，因为很具挑战性，所以深受粉丝欢迎，发布后收获了4万个赞，而且在没有奖励的情况下还吸引了很多人挑战，如抖音创作者"赤司""冉龙虎"等。

由图中可以看出，该活动的难度相对较高，毕竟2米9的篮筐可不是跳一跳就能够得到的，也正是这样的难度激发了人们挑战的欲望，而且他也没有规定高度标准，从而给予他们充足的自由发挥空间，降低了参与门槛，所以活跃度非常高。

另外难度较高的活动还可以让观看的人产生超强的代入感，在不知不觉中"参与"到活动中，和视频中的选手们一同起跳。不过如果有条件的话，也可以设置一定的奖励，最大限度地激发粉丝参与。奖励可以是精神上的，为前三名授予某种荣誉称号；也可以是物质性的，给予前三名某类物质奖品。

4.6 构建账号矩阵提升用户量

所谓账号矩阵是指通过账号与账号之间建立相应的链式传播，将不同账号中的用户流量通过矩阵式账号相互引流，并在主账号下形成用户流量的内部引流。这样做不但能够避免用户流失，也能够覆盖大范围用户量增加曝光度，从而提升账号权重。

在很多短视频平台上，我们都可以看到账号矩阵的存在，比如我们在抖音上看到的"丁香医生＋来问丁香医生＋丁香妈妈"就是以丁香医生为主所构建的账号矩阵。其中，"丁香医生"的话题更为宽泛，主要针对大众健康；"来问丁香医生"的范围更为聚焦，主要针对人们身体上的问题进行答疑解惑；"丁香妈妈"则聚焦在母婴领域，专注解决各种育问题。

一个账号势单力薄，开设不同定位的账号，建立团队战斗式的账号矩阵，可以吸引不同领域的用户并进行更全面更大范围的引流，从而使账号内的视频获得更多播放量、点赞量等数据，在提升账号权重的同时提升推荐量。所以构建账号矩阵是必不可少的事情。那么该如何构建并运用账号矩阵呢？它需要我们按照以下三种方法操作。

4.6.1 一个账号只专注一个垂直领域

我们要做账号矩阵，就一定要保证一个账号只专注于一个垂直领域，它与主账号的运营策略一样，比如定位于"美食领域"，那么就只发布相关领域的内容，而且垂直度越高，用户越精准。如果内容毫无章法，那么对于提高账号权重没有丝毫好处。

不过需要注意的是，子账号与主账号的定位必须存在一定的相关性。要确保账号之间能够因为某个点有所关联，以便于我们通过这个联结点，相互导流。那么该如何保证子账号与主账号的定位互相关联呢？一个简单有效的办法就是细分主账号的垂直领域。当一个账号的用户基数稳定之后，不少人便会尝试建立内容更细分的相关账号矩阵。

例如，抖音账号矩阵"柚子Cici酱＋柚子买了吗"就是一个典型的例子，"柚子Cici酱"的定位为剧情类美妆账号，故事取材于职场女生日常生活，剧情中经常出现一些与化妆拍品有关的情节；"柚子买了吗"则是在线种草账号，专门推荐各种美妆产品，而且价位也都是职场女生可以接受的。

两个账号通过"美妆"这个联结点相互导流并获得了大量粉丝，"柚子Cici酱"的账号粉丝量突破了1887万，视频总获赞2.8亿；"柚子买了吗"的账号粉丝量则突破了410万，视频总获赞量为3073.1万。

不过需要注意的是，有两类定位是账号矩阵内必须存在的（见图4-6）。三者中只要存在一个到两个就可以建立稳定的账号矩阵。比如"柚子Cici酱"在抖音对自己定位为美妆达人，那么它在账号矩阵就是"专家号"的存在。

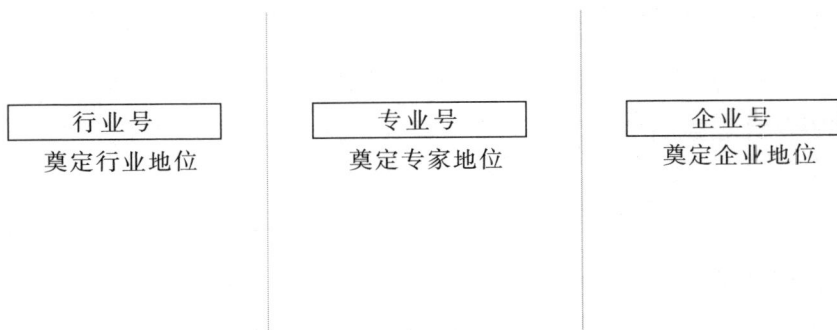

行业号	专业号	企业号
奠定行业地位	奠定专家地位	奠定企业地位

图 4-6　账号矩阵必不可少的三类定位

4.6.2　选择适合团队发展的矩阵模式

从一个热门账号发展成为多个不同定位的矩阵号，是提升账号影响力的必经之路。不过并不是每个团队都可以借用同一种矩阵模式，具体还是需要根据不同的运营情况去对症下药，选择适合团队发展的矩阵模式，常见的矩阵模式有以下两种。

（1）1+N矩阵

由主账号带起多个子账号，每个账号都在主账号的信任背书下开展运营，优势在于子账号的力量能够迅速增长，适用于认知度较高的账号。

比如抖音创作者"彭十六elf"作为主账号，其认知度非常高，粉丝量高达2396.9万，于是迅速带起"彭十六的日常""彭十六的小棉袄"等子账号，由此搭建起账号矩阵。

再如"小米公司"利用品牌影响力搭建起来的账号矩阵为"小米手机""小米有品""小米员工的日常"等。

（2）AB矩阵

AB矩阵是以个人形象塑造、维护为目的，多以"形象账号+广告账号"的形式组建账号矩阵，这种模式的作用在于一正一辅两个账号同时发力，一硬一软植入广告信息（硬是指硬广，即直接在账号上给产品打广告；软则是指通过情景演绎或模仿热点视频等方式插入软广信息）。

比如上一案例中的"柚子Cici酱"和"柚子买了吗"，前者多用于塑造维护个人形象，后者在维护个人形象的同时推荐美妆产品。不过需要注意的是，一正一辅两个账号一定要有明确的定位，避免信息混乱。

4.6.3 矩阵运用：互关、互动、互转

当我们确定了适合团队运营的矩阵模式后，在发布视频时，就要相互导流以获取更高的推荐量。那么该如何准确运用账号矩阵呢？有三个应用方向可供参考。

互关：各个账号之间互相关注，比如"Sao呢师傅""Dai呢师姐"两个矩阵内账号相互关注，并在账号简介中相互引流："女版请看@Dai呢师姐。""男版请看@Sao呢师傅。"

互动：各个账号之间产生互动，比如某账号发布了一个视频，那么矩阵内的其他账号便可以在该视频下进行评论、点赞。另外我们也可以与矩阵内账号合作剧情。例如，抖音创作者"Alex乔弟弟"和"乔丽娅Natalia"就经常出现在双方的视频中。

互转：各个账号之间互相转发视频内容。

5 内容输出：

有趣、有料、有价值

人们需要内容，内容的载体在变，但内容的本质是相同的，持续向用户提供有趣、有料、有价值的内容，这种生产能力是不变的。尤其现在短视频行业已经由过去的粗放式增长，转入以内容取胜的竞争，同一个领域中，粉丝也往往只关注最厉害的那一个，因此我们必须拿出高水准的优质内容，才能俘获粉丝的心。

5.1　建立选题库保证内容持续输出

初做短视频时，很多新手都会有一个疑问："那些保持日更的创作者们是如何保证内容持续输出的？"其实答案很简单，就在于选题库的建立，只有把每天接收到的外界信息都积累下来并分类规划，才能保证在创作时有足够丰富的资源。比如你是一个"搞笑博主"，那么你就可以将生活中遇到的任何一件好笑的事都放在选题库中，等到某一天在某个契机下，它或许就能被拿出来大放光彩。那么建立选题库时，具体该如何操作呢？它需要我们按照以下四个方法完成。

5.1.1　爆款短视频的选题标准

一个短视频成为爆款的关键因素取决于它的选题，而这些选题并不是没有规律可循的，下面是爆款短视频的选题判断标准：

（1）选题受众足够广

短视频内容往往在选择细分领域时就已经确定好目标受众。目标受众的细化程度决定了视频产出的内容方向以及运营策略等，也关系到短视频在平台上能否实现精准分发。但对于爆款选题来说，单纯细化受众会限制短视频的内容覆盖面，所以从垂直化切入的同时还要融入大众化的元素。

比如短视频内容所在领域为"健身"，我们的目标受众为想要减肥的人群。那么该如何融入大众化元素，增加受众范围呢？很简单，"去湿气"是大众都比较关心的话题，比如一些爱美女性，养生人群等，因为"湿气"不但是各种病症的源头，而且还会导致人的脸色黯淡无光。所以我们可以选择一些"做什么运动能够去湿气"的选题，以扩大受众范围。

（2）选题角度足够痛

想要拿下百万流量，必须戳中大部分用户的痛处。仔细观察就会发现，那些爆款短视频的选题角度往往是让大量受众产生共鸣并点开视频，才算是拿到了相应流量。

抖音创作者"林嘻嘻"推出了一条关于职场中没有公主命却一身公主病的人会做的事，比如吃麻辣烫时要洗筷子，但因为自己的手不能碰水让别人帮忙洗等，因为该视频戳中了"白领人群"的痛点，几乎每个公司里都会有这样的人，所以在播出时便获得了53.7万的点赞。所以，爆款短视频的内容选题，一定要是能戳中受众痛点的选题。

5.1.2 建立短视频内容标题库

标题在很大程度上决定了一个短视频的点开率。因此，我们在进行短视频内容运营时，需要积累各种各样的好标题。积累之后对此进行模仿和套用，并分析和学习其中的优势。那么我们该如何建立标题库呢？它分为以下两个步骤。

步骤一：收集素材

要建立标题库，首先要收集素材，好的标题来源于哪里呢？主要源于以下三个方面（见图5-1）。找到标题素材的来源后，我们可以将其一个个复制粘贴，虽然前期工作量巨大，但对于后期的标题创作来说，可以为我们节省不少时间和精力。

◎ 自己过往发布的一些爆款内容的标题

◎ 同行的爆款短视频标题

◎ KOL打造的爆款标题

图 5-1　爆款标题的来源

步骤二：分类保存

因为是标题参考库，随时随地都会用到，基于这个特性我们最好将收集来的标题分类保存起来。在分类时，我们可以按照标题的类别属性进行分类。举个简单的例子，我们可以将标题分为以下几类：

①提问式标题："为什么一个人越好就越不被在乎？""为什么要读书？"

②数字式标题："六个被误以为特效的电影镜头。"

③悬疑式标题："脏水养殖、吃粪便？这种鱼真这么脏？"

……

另外，还有一种方法是按照短视频的播放量来分类，比如1万~10万为一类，10万~20万为一类等。但不管是哪种方法，分类保存的目的还是让我们在后期能够更加快速、清晰地分析并解构那些爆款标题中的普适性规律，以便自己在短视频运营中可以更好地运用。

所以标题库建立之后不是最终结果，还要在这个基础上常回顾标题库，并对此分析、学习和总结。

5.1.3　建立短视频内容选题库

关于选题库，我们可以把它们分为两类：爆款选题库与常规选题库。

爆款选题库内容来自：自己爆款选题的整理以及相关、相似选题的裂变、同行爆款选题的整理及相关、各大短视频平台中刷屏级爆款选题、受众最近关心的热点等。

常规选题库内容来源比较宽泛，它主要来自一闪而过的灵感，一篇好的文章，一个好的视频，一个搞笑的段子等，这些都可以放入常规选题库中保存。值得注意的是，在保证常规内容输出的同时，这些常规选题也可能会成为爆款的灵感来源。

5.1.4 打造差异化选题

要想打造出爆款短视频，在选题上必须体现出差异化。而差异化打造则需要我们着重突出特色定位，它主要指的是创新，也就是选题角度的差异化。在短视频细分领域内容同质化日益严重的情况下，真正实现创新很难，但不是无路可走。在选题策划时，需要学会避开同一主题的主流角度、避开同一选题中的主流角度。

"相亲"一直是社会非常关注的话题，但很多创作者在制作相关内容时往往会从女性角度切入，如"独立女性对相亲的看法""大龄剩女相亲"之类的内容，但这时候如果能有哪个创作者从"男性""父母"的角度去制作一期关于相亲的视频，那么肯定会成为爆款。

5.2 爆款短视频脚本长什么样

短视频虽然只有几分钟甚至十几秒，但成为爆款的短视频往往每一个镜头都经过精心的设计，而要想设计出电影级别的镜头，利用的就是"脚本"。只要掌握脚本的写作技巧，后期的拍摄和剪辑工作会非常轻松。可以这么说，脚本是我们拍摄视频的依据，什么时间、地点，画面中出现什么，镜头应该怎么运用等，都是根据脚本来创作的，它最大的作用就是提前统筹安排好每个人每一步该做什么，让你事半功倍。那么该如何制作脚本呢？我们可以按照以下流程来制作。

5.2.1 不同脚本适用于不同短视频

在编辑脚本之前，我们需要根据短视频属性确定脚本类型。不同脚本适用于不同短视频。一般来讲，短视频脚本分为三种类型。

拍摄提纲：它是指根据我们拍摄的内容提炼相关要点制作拍摄提纲，主要起到一个提示的作用，适用于一些不容易掌控和预测的短视频内容，当拍摄过程中有很多不确定因素，或有些场景难以预先分镜头时，就需要编导以及摄影师根据拍摄提纲，现场灵活处理。例如，街头采访短视频，我们需要预先将准备好的问题列在脚本中，但如果采访中有人不配合或者答非所问，则需要我们根据提纲中所列出的问题进行适当引导。

文学脚本：在文学脚本中，只需要规定人物把需要做的任务、讲的台词完成，以及确定拍摄所选的镜头和视频长短即可。它适用于不需要剧情的短视频创作，如教学视频、测评视频等。

分镜头脚本：它适用于故事性较强的短视频。在一定程度上，分镜头脚本已经将文字转换成了用镜头直接表现的画面，它能帮助创作者最大程度地保留初衷，因此对于想要表达一定故事情节的短视频创作者来说不可或缺。不过，分镜头脚本对于细节要求十分严格，每一个画面都要在掌控之中，包括镜头长短以及每一秒的镜头细节。

5.2.2 确定短视频整体内容流程

脚本并不是一蹴而成的，除了选择合适类型之外，还需要确定整体上的内容思路和流程，主要包括以下几个方面：

（1）主题定位

短视频想要反映什么主题，以及怎样的内容表达形式。比如美食视频，那么制作一道菜肴就是具体的拍摄主题，而内容表达形式可以是剧情，也可以是单纯的美食制作等，根据自己的风格选定。

（2）人物设置

即短视频需要设置几个角色，他们都是承载剖析主题的那一部分使命。例如，我们要讲述一个"负心汉"的故事，那么设置的角色至少要有两个：一个负心汉，一个被抛弃的女人，其所承载的使命也显而易见。

（3）场景设置

场景设置即所谓的拍摄地点，是在室内还是室外，是棚拍还是绿幕抠像……这些都需要提前确定好，尤其是在室外拍摄，不确定因素太多会影响拍摄效果。

（4）故事线索

剧情如何发展？是从事情的起因讲起，一直到结尾；还是直接展现结果，调动观众情绪，再展开探索整个故事的剧情？

（5）拍摄时间

确定拍摄时长只有一个目的，即提前与团队约定时间不会影响拍摄进度，否则会产生拖拉的问题。

（6）拍摄参照

有时候我们想要的拍摄效果和最终呈现的效果是存在差异的，我们可以找到同类的作品与摄影师沟通，哪些场景和镜头的表达是你想要的，这样摄影师才能根据你的需求进行内容制作。

5.2.3 充盈细节制作短视频脚本

都说"细节决定成败"，对于短视频也是如此。一个好的短视频和一个坏的短视频可能有相同的故事大纲，但它们之间的真正区别是细节，它既可以使人物更加丰满，也能调动观众的情绪。此处的细节其实就是短视频的分镜头，主要包括镜头、时长、景别、内容、台词、背景音乐、道具七个要素，我们可以将其制作一个表格（见表5-1），可以让演员或者拍摄、剪辑人员更为清晰地理解。我们依然以"负心汉"为例编辑一个15秒的脚本。

表 5-1　脚本表格模板

镜头	景别	时间	画面内容	台词	音乐	道具	备注
1	全景	2秒	客厅中，女人颓丧地坐在沙发上，前面站着一个不耐烦的男人	女：为什么	××	无	女人面对镜头，男人背对镜头
2	中景	4秒	男人扔下一份离婚协议书，叫女人签字	男：签了吧，我们之间没可能了	××	无	男人依然背对镜头
3	特写	4秒	女人一边一脸伤心地看着男人，一边轻轻摇着头	女：难道就一点情谊都没有	××	无	
4	中景，机器不动，仰拍	4秒	女人沉思了一会儿，终于拿出一样类似笔但又不是笔的东西，然后走向男人	女：好，但是在那之前，我要做一件事情	××	无	拍摄男人和女人的侧面
5	全景	1秒	画面全黑，打上字幕：到底女人要做什么呢？预知后事如何，且听下回分解	旁白：到底女人要做什么呢？预知后事如何，且听下回分解	××	无	无

需要注意的是，脚本中的台词是为镜头表达准备的，起到的是画龙点睛的作用，在这个地方不要让文字超过180个，不然听起来会特别累。

5.3 要流量，更要正能量

短视频在展示自我个性以及娱乐大众上有着无可比拟的优势，但却有不少短视频片面追求流量而不顾视频质量，甚至用"负面内容"吸睛，导致观看的人产生负能量，然而这样的做法显然是错误的。观察那些迅速走红的"爆款"，不难发现它们的共同点：以正能量吸引高流量。

"湖北日报"抖音号曾发布一条视频，呈现了武汉市儿童医院的新生儿重症病房的一组画面，既有早产新生儿抓住护士的手的特写，也有护士照顾新生儿的镜头。视频中满满的正能量直抵人心，短短两天，该视频的播放量就突破1亿，点赞量高达525万。

社会需要正能量，人们渴望正能量，因此，充满正能量主题的短视频所受关注度往往会很高。假如你能为短视频注入满满正能量，那么你的内容就能吸引更多人的目光。

5.3.1 关注弱势群体

弱势群体是指在社会生产生活中由于群体的力量以及权力相对较弱，导致在分配并获取社会财富时较少较难的一类群体，比如农民工、残疾人等。他们的社会地位低且生存状况差。只有高度关注弱势群体，才能形成良好的社会氛围，更好地阐述正能量。因此，短视频内容可以更多地聚焦弱势群众的需求，抑或是弱势群体中的正能量事件。

抖音创作者"悟哥"发布了一条视频，在视频开头讲述了环卫工人在天还没亮的时候就要开始工作,然后以"悟哥"给这些环卫工人送衣服、手套结束,在只有1分40秒的视频中,完美地向用户展示了满满的正能量——关爱环卫工人(见图5-2),最终获得了3.2万的点赞,这对于只有4277个粉丝的"悟哥"来说已经是一个不小的数字了。

这条视频之所以能获得这么多人的关注,是因为其关注了弱势群体环卫工人,而且大多数都是五六十岁的老人,双重身份更易于吸引用户。

图 5-2 "悟哥"给环卫工人送手套、衣服展现正能量

很多人认为"高调"关注弱势群体很虚假,其实不然。将这样的事情公之于众,不但可以形成一个榜样的力量,而且还能激励更多的人投身这个行业,这或许也是关注弱势群体的一种正确的打开方式。

5.3.2 弘扬传统文化

人文、旅游、历史等传统文化也是正能量输出的"富矿",我们可以通过短视频挖掘特色、传递价值,将传统文化的另一面通过个性、潮流、不逾矩的方式进行深层次的文化输出，形成差异化的文化传播。

　　抖音创作者"政和白茶"曾经推出一条关于传统文化的视频，内容为茶道礼仪的"寓意礼"，比如最常见的"凤凰三点头"，即手提水壶高冲低斟反复三次，寓意是向客人三鞠躬以示欢迎，同时也表达了对茶的敬意；再如逆时针回旋斟水、烫壶等动作，寓意着招手"来！来！来！"欢迎客人的意思……由此获得了54.2万的点赞，1.1万的转发。

　　除此之外我们还可以参与一些短视频平台的主题活动，比如一些地方文旅部门会借助与短视频平台的合作，立体化、多层次、多角度地展示地方文化、名胜古迹、人文风俗等。例如，抖音平台所创办的"跟着抖音游敦煌"这一话题，目前已经获得了11.2亿的播放量，如果我们也加入这一话题中，不但能够获得平台的扶持，而且还能凭借着话题的热度获得一些流量。

5.3.3　传递正确"三观"

　　从读图时代进入视频时代，一刷就停不下来的使用习惯让短视频成为人们接受信息的主要方式，在一定程度上，短视频所呈现出的内容直接影响舆论引导和价值判断。所以，短视频要秉持着正确的"三观"（见图5-3），绝对不能存在错误的价值导向，否则会产生极坏的社会影响。

图 5-3　"三观"

比如名为"中国善力量"的西瓜账号曾经发布过一个视频，视频中一位男士发表了关于"男尊女卑"这一社会现象的看法，他认为男女之间应该平等尊重，不管性别是什么，做人最起码的就是尊重。这样"三观"正的言论让该视频获得了 11 万播放量。

除此之外，我们也可以展现人性中的美好，传递正确的人生观。比如"小鱼视频"抖音号曾经发布过一条标题为"人性因善良而美好，身体力行传递这样的爱心，他们用行动温暖了一座城，为他们点赞"的视频，内容为意大利一对夫妇将装有两种食物的篮子挂在阳台，希望可以为疫情期间无家可归或者经济困难的人提供帮助，一段时间之后，篮子里的食物反而只多不少，留下的"爱心"越来越多。这样一件小事却彰显了人性之美，充满了正能量，触动了人们的良善心弦。

5.4 用争议性话题引起全民讨论

在短视频中适当加入争议性话题，往往能够在很大程度上提升短视频的互动性，吸引大家更积极地参与到话题讨论中，进而使得短视频有成为爆款的可能性。太常规的内容，没有槽点、没有矛盾，用户往往在平淡无奇中就渐渐淡忘了！但是如果内容中涉及争议性话题，用户就会因为对话题的极端认可或极端不认可，而不自觉地加入话题讨论中。所以当短视频带有争议性话题时，它往往会成为促使用户持续讨论并关注下去的有效方法。

5.4.1 选择正确的争议类型

争议有不同程度，这些程度将争议分为了不同类型（见图 5-4）。图中三种争论类型建议选择第三种，这种方式相当于由短视频挑起的一场辩论，视频发布之后，可以让参与人员自行决定立场，而且可争议性话题不仅能依靠管理情感冲击或者激活出发点来获得更多用户回应，而且在一个可争议性话题内容中，任何人被冒犯或者被伤害的可能性都很小。

震撼型	禁忌型	可争论型
会引发对有争议话题短视频的广泛讨论，甚至会引起轰动效应	与震撼型一样，但由于自身的禁忌属性，可能会导致招来是非甚至谩骂	这种争议类型让正反双方都能提供有理有据的论点，并且有相关支持

图 5-4　争议性话题的三种类型

"男孩我想问问你"抖音号曾经推出过一个视频，其所带有的争议性话题为"你愿意以后的孩子随着妈妈姓吗？"这个话题就是一个典型的可争议性话题，因为随着思想的开放，大家对于"孩子随谁姓"这一问题也不那么敏感了，而且正反双方都能够提供有理有据的论点与相关支持，持"可以"的一方多会表达："到现在这个社会，随谁的姓都已经无所谓了，我就是随我妈妈的姓。"而持"不可以"的一方则会表达："我们不要破坏中国传统。"最终，该视频获得了7.9万的点赞，8750的评论。

有对，有错；有是，有否；有支持，有反对；有应该，有不应该；有正，也有反……这就是争议性。其实，引起争论并不是一件坏事，它就像辩论一样，给大家一个发表各自观点的机会，但如果引发轰动，甚至招致谩骂，这就不是我们的本意了，引起争论的最终目的是能让我们的短视频获得更多关注，成为爆款。千万不要为了引起争议而诉诸争议，否则就是在"玩火自焚"。

5.4.2　内容要符合自身调性

在使用争议性话题制作内容时，它需要达到一个要求，即符合自身调性，也就是说我们找到一个争议话题，并根据该话题表达自己的价值主张以制作内容时，该价值主张要符合一贯的内容风格与调性，这样才能取得双赢的效果。如果不与自身调性相结合，那么相当于只催生了带有争议性的话题，并不能让用户关注到我们自身，进而无法转化为可衡量的结果，包括点赞量、评论量等数据。

"扎心师郑实"是抖音情感领域的创作者，他曾经发布过一个关于"该不该翻看对象手机"的争议性话题视频，他认为不应该翻看对方手机，两个人在一起最重要的是信任，如果手机里什么都没有，你不但不会安心，反而会认为是对方删除了一些信息；如果真发现什么问题，那结果也不会是你想要的，况且你看到的也不一定是事实，就算真有什么问题，在日常生活的一些小细节中你也会观察出来，不一定非要用手机。最终该视频获得了45.6万的点赞，1.2万的评论。

这一争议性话题是感情中经常出现的问题，符合"扎心师郑实"所在的情感领域。另外，他是一名心理分析师，基本上所有的视频，他都会针对某一情感问题或者现象，从心理分析的角度入手，去进行解答并给出答案。而这一条视频也不例外，他分析了人们翻看手机时会产生的各种心理路程，并给出了一个最优解答，所以该话题符合其一贯的风格调性。

5.4.3 制定出危机应对方案

争议性话题是一把双刃剑，在短视频获得高曝光、高关注的同时，也总是伴随着大量的负面声音，而在网络上，这种负面信息非常容易被放大，导致产生公关危机，因此我们应该做好争议性话题的危机处理以及应对方案。

第一，视频发布之前做好测试。就是视频在正式发布之前，预先进行小范围测试。比如在投放带有争议性话题的短视频时，可以先从身边的朋友、同事中抽样，组织观看视频，并让其给出相关评价，再根据这些评价进行审定和修改。

第二，视频发布之后做好跟踪，就是视频在发布之后，要对其争议效果进行跟踪，如果出现危机，应该在第一时间做出判断，制定相应的危机公关处理方案，主要有两种应对方法。

①跟进那些受到争议话题视频影响或冒犯的人，以证明我们能够倾听反馈意见，并采取相应行动。

②当收到用户投诉甚至谩骂时，采取积极、感同身受的语气，他们一般都会选择原谅。例如"我理解你现在的感受，因为当我的观点不被接受时也会情绪激动，如果我的观点有冒犯到你，非常抱歉"。

5.5　有价值的内容永远都有生命力

有价值的内容永远都有生命力。这也是四大名著会成为经典的原因，因为其所蕴含的深刻思想影响了历代读者的思想观念，对于读者来说这是非常有价值的文学著作。短视频也一样，其能否成为爆款，主要取决于内容对于用户是否存在价值。有价值的内容不仅有利于提升视频的曝光率，而且还可以培养用户的忠诚度。那么怎样才能制作出有价值的优质内容呢？它需要做到以下三点。

5.5.1 内容要干货满满

"干货"本身要表达出的一个意思就是有价值，那么什么样的内容才算是干货呢？它需要有以下三个特点。

（1）实用

知识和技能是价值的体现，但对于用户来说要实用才有价值，如果所讲述的知识和技能华而不实，对于用户的生活和工作没有实际帮助，那么这些知识和技能对用户而言就没有任何价值。

（2）专业

短视频既然要干货满满，所展示的内容就必须有一定深度，有专业性，如果只是在某一知识和技能上蜻蜓点水，也不会在用户心智上留下深刻的烙印，而且时间一长就会被用户所"抛弃"。

（3）简单

知识要深入浅出，让人一看就能理解；技能要展示清楚、透彻，让人轻易上手。这样的短视频才更吸引人关注，否则内容过于深奥，用户很快就会因为难以理解而"放弃"。

抖音创作者"iSlide"所发布的视频都是面向办公人员普及PPT相关知识和制作技巧的，因其所讲述的PPT知识专业、实用，而且呈现在大家眼前的PPT制作技巧纯熟、易学，基本上操作一遍就能掌握，所以短时间便收获了大量粉丝。比如其中一条教大家制作"图文排版"的视频，就为大家讲述了如何让PPT图文页变得高大上，而不再是一张图、一段文字，内容简单实用，最终该视频获得了9.3万的点赞以及9631的转发（见图5-5）。

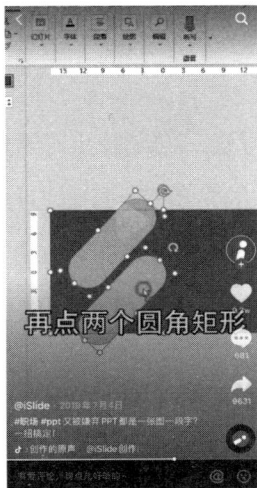

图 5-5　iSlise 发布关于图文制作的短视频

5.5.2　站在用户的角度制作内容

在制作有价值的内容时，我们需要学会站在用户的角度去考虑问题。不过很多创作者在制作内容时常常犯一个错误，即容易自我感动。认为自己觉得有价值的就是用户所需要的，结果视频发布之后，各种数据少的惊人。那么该如何走出这样的困局呢？很简单就是聚焦，也就是将内容聚焦到目标用户所关注领域的最新动态信息上。这样一来，短视频之于目标群体也就更有价值，甚至能够让大家产生依赖感到了爱不释手的程度。

（1）将内容聚焦到目标用户的关注领域上

目标用户关注什么，短视频就聚焦什么内容，比如目标群体是家庭主妇，那么短视频就聚焦生活技巧上；目标群体是学生，那么短视频内容就聚焦到与考试有关的内容上，如数学考点、英语考点等；目标群体是年轻女性，短视频就聚焦到护肤知识上……

（2）挖掘问题，提供解决方案

目标群体在所关注的领域遇到了什么问题，短视频要对这些问题和痛点进行挖掘，并提出解决方案，这样的短视频在用户眼中才最有价值。比如年轻女性所关注的护肤领域中，经常会遇到一个问题是"如何才能做好防晒"，那么我们就可以针对这一问题提出解决问题，比如挤一元硬币大小的量在手心，并均匀地涂抹在脸上，容易晒伤的T字区要着重叠加涂抹，并给它5分钟的成膜时间。这样既有问题又有解决方案，用户看完就会认为这是一个对自己很有价值的视频。

5.5.3　在内容中增添趣味性

一味地向用户传递枯燥乏味的"干货内容"，时间一久，就会让用户感到十分厌烦，进而导致大量用户的流失。而我们要做的事情就是让枯燥的内容变得更加生动、有趣。那么该如何在内容中增添趣味性呢？

一个较为简单的办法就是针对短视频中的重点，采用重复、慢放、图解等方法展示，这不但可以增强用户对于重点的印象，而且还能增添短视频的趣味性。这种情况非常适用于从纯知识点讲解，却不能动手操作的视频。

抖音创作者"装修不求人"所发布的关于"墙面装修偷工"的短视频，内容中为我们呈现了容易偷工的几个地方，在讲到重点时他都会附上一张图，比如讲到"刷漆偷工"时，就附上了几张刷漆偷工后墙面所出现问题的图片以及一张表情包，在帮助用户理解的同时也增添了视频的趣味性（见图5-6）。

在制作有价值的干货内容时，最好不要出现纯干货讲解，那样会让整个视频变得了无生趣，如果能理论与实践结合，是再好不过的。但如果我们所讲述的理论不能或者不适合在视频里实践，那么便可以采用重复、慢放、图解等特效方法增添趣味性。

图 5-6　"装修不求人"在视频中添加的图片与表情包

5.6　三大情节让用户欲罢不能

　　带有"故事感"的短视频更能吸引用户的眼球，为什么会这么说，是因为从原始社会，我们就开始用故事维系彼此的关系，成为一个紧密的团体；现在，我们依然在用故事与别人创立连接，拉近彼此距离。当然，一些只有十几秒的短视频不可能完整地讲述出一个故事，这时候"故事感"就派上用场了，它能让一个视频在没有故事的前提下，吸引足够多的注意力。那么该如何做到这一点呢？只需要设置以下三大情节便能让用户欲罢不能。

5.6.1　用"反转"刺激兴奋点

反转是故事中常用的表现形式，出乎意料的转折往往能够将故事直接推向高潮，瞬间点燃读者的热情，刺激他们的兴奋点。所以要想短视频带有"故事感"，反转无疑是最佳选择，它能在短时间内完成情绪的调动，显然更适合短视频的游戏规则。而且前后反差越强烈，用户越埋单。那么该如何在短视频中展现反转呢？它有两种方法。

方法一：形象反转

即主人公形象以逆袭或身份反转形式，与生活中遇到的各种"反面角色"斗智斗勇。例如抖音创作者"黄三斤"发布的一条标题为"对你稍微好点你就蹬鼻子上脸，你有什么可豪横"的视频，其中"黄三斤"是一个对朋友很宽容大度的人，朋友却因为她这样的性格不断占便宜，本以为三斤对她会一直大度下去，结果三斤果断将这样的朋友从自己的"世界"赶走，这样的形象反转让人看了大快人心。最终该视频获得了64.4万的点赞。

通过依托形象和身份的跳跃，可以让视频直接进入高潮，带给用户强烈的刺激，进而点赞量、评论量等数据就可以直线上升。

方法二：剧情反转

剧情反转即设置让人意外的结局，增强视频的戏剧性，让用户观看视频的娱乐体验更强。例如"陈翔六点半"曾经在抖音上发布过一个视频，开头内容为一个男生在抢女生的书包，陈翔看了以为这个男生是劫匪，于是便去"惩恶扬善"，结果最后才发现，这个男生是女生的男朋友，抢包只是怕她拎不动。最终，这样的剧情反转让该视频获得了59.2万的点赞。

5.6.2 用"悬念"吊人胃口

所谓"悬念"，是观众、读者对故事中人物命运的遭遇抑或未知的情节的发展变化，所抱有的一种急切期待的心情。因此，短视频中设有悬念，对于用户才更有吸引力，可以让用户迫不及待地看下去。那么如何在短视频故事中设置悬念呢？最简单的一个方法就是"提出疑问，引起怀疑"，以此引导用户进行更深层次的思考，从而形成悬念吊足他们的"胃口"。

抖音创作者"悦悦的宇宙"就发布过一个视频，在55秒的视频中，总共出现了三个疑问式悬念。

悬念一：在开始时，"隔壁小李"敲门要借高跟鞋，主人公本来想开门，但后来发现小李老婆已经怀孕五个月了，根本用不着穿高跟鞋，门外的人是谁呢？

悬念二：紧接着，一个送外卖的就出现了，但主人公根本没订外卖，这时候已经引起主人公的怀疑了。

最终疑问解除了，原来是主人公的朋友怕她没有警惕心，所以来测试一下。如果说前两个悬念是留给主人公的，那么最后一个悬念就是留给用户的。

悬念三：在视频的结尾，主人公惊讶地发现她的门框上出现了一个记号，是谁留下的呢？

于是评论区里便有大量用户留言，都在向创作者提问："这个记号到底是谁留下的？"当然也有一部分用户自己回答了这个问题，他们认为这是小偷留下的编号。

不过需要注意的是，在合适的时候要为用户揭晓悬念，如果不能在视频里揭晓，那么我们可以在评论区或者在下一期视频中展现。否则猜测一直得不到答案，永无止境的焦急等待也会让用户产生厌倦，甚至有可能在看到你的下一个视频时选择绕道而行。

5.6.3 用"冲突"打破平淡

冲突对于一个故事而言，就犹如人的灵魂。所以在短视频中加入冲突情节，更能增加故事感。没有任何看点的视频只会让用户味同嚼蜡，弃之而去。那么该如何在视频中制造冲突呢？它有一个简单的公式（见图5-7）。而要想完成这个公式，我们需要做到以下三点。

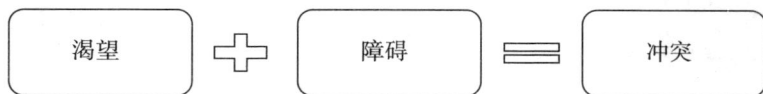

图 5-7 冲突的公式

（1）设置出人物渴望的东西

在短视频开头，你要快速地展示出人物的渴望。

（2）设置障碍

人物有了渴望，需要行动才有可能实现，但是在实现的过程中不可能一帆风顺，他们会遭遇挫折和失败。

（3）设置人物为了克服障碍所做出的行为

通过他们在遭遇挫折之后的种种行为打动用户。

抖音创作者"搞笑刺客浪哥"发布了一个标题为"扎心了，一句话两次暴击"的视频，最终该视频获得了77万的点赞量，这条短视频之所以能够大火，和其矛盾冲突设置巧妙且强烈有很大关系。视频的开头，主人公想要和女朋友分手，并询问："你喜欢我哪儿，我改还不行吗！"（渴望）但是女朋友并不想要跟他分手，并给出理由："因为你丑啊！"（障碍）于是主人公便回答："那你找个更丑的不就好了。"（为克服障碍所做出的行为）最终女友没有答应，对此她给出的说法是："没有，没有比你更丑的了。"

5.7　注入情感引发用户共鸣

一条视频之所以能够在短时间内迅速得到人们的关注和认可，最主要的因素就是作品本身所传递的情感能够引起共鸣。情感可以感染人，它能让用户更好地沉浸在视频中，进而产生一系列的行为，如点赞、评论、转发等。所以在视频中注入情感是很好的选择，它可以让视频有成为爆款的可能性。

5.7.1　连接用户过去的记忆

我们先来看一个故事。为了杜绝高中生（尤其是男生）吸烟，A、B两位老师分别在班上这样呼吁（见图5-8），一段时间下来，B老师班里吸烟的学生开始逐渐减少。"希望得到女生注目"几乎是青春期男生的共同愿望，但大家都有过因为吸烟而被女生"嫌弃"的经历，内容与以往记忆产生连接，进而产生共鸣。其实共鸣的本质是"连接过去的记忆"，所以共鸣要在用户的记忆中寻找，只有这样才会让用户在观看视频时有认同感。

老师A：科学家发现，吸烟的人患肺癌的概率会更高

老师B：据统计，90%的女生会主动远离吸烟者，并认为吸烟是很低端的行为

图 5-8　呼吁男同学少吸烟的两种内容

抖音创作者"阿豪来了"拥有粉丝355万，作品所获总点赞数1825.7

万，他之所以能在抖音上火起来，和其短视频善于连接用户以往记忆并引发情感共鸣有很大关系。例如，他发布的其中一条短视频为大家讲述了一个"为什么有些人爱你却还是要放弃你"的爱情故事，在故事的最后他给出了原因："一个男人在什么时候能谈恋爱，在他有钱有时间的时候他才会跟你谈恋爱，我现在没钱没时间，我拿什么跟你谈？我不跟你闺蜜吃饭，是因为我怕我掏不起这个钱，我怕给你丢脸；你发烧了，其实我第一反应是想去看你的，但是我发现我连一张火车票都买不起，我看见你我觉得我是个没用的男人，甚至觉得我自卑。"

这条短视频连接了大多数人的分手记忆，引发了强烈共鸣，获得了162.3万点赞，吸引力用户留下了6.5万评论，获得了7.1万转发，在评论区，绝大部分用户是有过相似情感经历的男生，甚至女生，他们围绕"没钱、没时间，谈恋爱会很艰难"这一话题展开讨论，在产生情感共鸣的同时也获得了莫大的心理安慰（见图5-9）。

图 5-9　用户积极参与故事话题讨论

5.7.2　引导用户发泄出情绪

除了连接用户过去的记忆之外，我们还可以引导其发泄出某种情绪，现代心理学指出，在外界作用的刺激下，一个人的情绪和情感的内部状态和外部表现，能影响和感染别人。在一种情绪的影响和感染下，产生相同或相似的情感反应，叫作情绪共鸣。我们阅读文学作品时都有过这样的体验，到动情的时候，或者潸然泪下，或者怦然心动。这正是情绪共鸣的作用。那么有哪些情绪是我们可以利用的呢？

（1）支持认同

即当用户对自己的某些行为表示迷茫、不确定时，支持他们并帮助他们合理化自己的行为。比如很多女生想减肥，但是却对自己的这个行为犹豫不决，这时候若想帮助她们合理化自己"不减肥"的行为，就需要找个理由。对此，抖音创作者"鼠星星"给出的理由是："饮料使我快乐，薯片使我快乐，油炸使我快乐，没有什么能阻止我们通往快乐的脚步，我们好不容易爬上食物链的顶端，可不是为了吃素的！"

（2）带其反击

即当用户面对某个令他不满的现象时，帮他带头批评。例如，抖音创作者"敬道者也"曾经发发布了一条标题为"不努力后果很严重"的视频，其中不努力的骆驼被拉到屠宰场宰杀了，不努力的同事被上司辞退了。

这条视频针对"不努力"现象，用"不努力的结果"进行了变相的批评。它引导用户发泄了不满情绪，产生了情绪上的共鸣，于是获得了207.5万的点赞及1.8万的评论，很多用户都在评论区留言："不努力等着荒废光阴，荒废人生吗！"

5.7.3　明确表达自己的观点

很多人在短视频中喜欢用"我想""可能""也许"之类的模糊无感的

措辞，并认为这样可以让自己很有文采，其实不然，模糊只会让人对故事产生不信任感，而显而易见的细节和物理描述才能更容易让用户产生代入感，引发大家情感上的共鸣。

明确地说出你对某件事、某个人的看法。在短视频中，只有明确鲜明地表达出自身对某人、某事的看法，这样才能让大家清楚地了解你的观点。只有让用户在第一时间了解了你的看法，才有可能吸引和你持有相同或相似价值观的用户产生情感上的共鸣。比如我们讲出"我非常喜欢可爱的女生，就是那种脸圆圆的，声音像小孩的女生"时，很多喜欢同样类型女生的人就会在下面留言。不过需要注意的是，当我们讨厌某个人或者对某件事产生了偏激的看法后，要尽量做到不发声，否则可能会产生相反的效果。

6 拍摄录制：
用手机拍出电影的效果

现在用手机拍摄短视频，可以说是家常便饭的事情了，但很多人拍摄出来的视频效果却总是差强人意，认为手机没有相机好，于是又改换相机，可效果还是没怎么改变。其实，只要掌握了拍摄技巧，用手机也能拍摄出电影的效果。

6.1　了解短视频拍摄的基础操作

不少人都有这样的困惑，为什么同样的内容，别人拍的就好看，自己拍的却平凡无奇？其实这主要是由于我们没有掌握短视频拍摄的基础操作。短视频拍摄中的所有技法，都在这些最基础的拍摄操作上，没有它，即使掌握再多构图、景别的方法也于事无补。因此，我们必须掌握拍摄基础入门操作。

6.1.1　准备基础拍摄设备

在开始拍摄之前，我们需要完成一个必要步骤：准备拍摄设备。很多人认为只要有一部手机就可以了，其实这只能算其中的一个"相机设备"，它还需要很多辅助设备，否则拍出的画面不但会不稳，而且整体效果也不好。所以，即使不能将拍摄设备准备齐全，但必备的标配设备还是必须存在的。

（1）一部手机

手机最大的特点是方便携带，而且可以随时随地进行拍摄，但因为不是专业的摄像设备，它的拍摄像素较低，拍摄质量也不高。如果光线不好，拍摄出来的视频容易出现噪点。

另外用手机拍摄时，多少会出现手部颤抖的情形，造成视频画面不稳定，后期的视频衔接会出现卡顿。

当然这些问题可以通过一些辅助设备来帮助我们解决。

（2）稳定设备

我们要解决的第一个问题就是手机的稳定性，这里介绍两种设备。

手持云台，又称三轴稳定器，是一款用来防止拍摄抖动的设备。用手机拍摄时，我们可以准备一个手持云台，这样即使在步行、跑动时也可以拍出高质量无抖动的视频画面。

三脚架，它不仅能起到固定作用，而且还具有防抖功能，可以让画面更加稳定。它有两种类型（见图6-1）。如果我们想解放双手，便可以把手机固定在三脚架上。

桌面多功能三脚架

户外伸缩三脚架

图 6-1　三脚架的两种类型

（3）灯光设备

拍摄离不开灯光，尤其是在室内拍摄，否则拍出来的画面就会由于光线不足而变得暗淡许多。当然，如果前期预算低，我们可以使用一个反光板"走天下"，等到后期预算充足，我们可以准备一些专业设备，如柔光箱、标准罩等。

6.1.2　不同场景不同模式

很多人在使用手机拍摄时，基本就是"自动模式用到底"，但手机也和单反相机一样，设置了不同的拍摄模式，每种模式都具有不同的使用场景，手机常用的拍摄模式有三种。

（1）自动模式

自动模式可以适应大部分的拍摄场景，在拍摄时，手机会根据当前的环境自动调整摄影参数，根本用不到我们调整任何参数即可拍摄到曝光正常的画面效果。所以，在自动模式下，我们只要按下拍摄键就可以直接拍摄。

（2）延时摄影

现在很多手机都具备了延时摄影这一功能，它是一种将时间压缩的拍摄技术，可以在一分钟内呈现出 1 小时发生的变化，适用于拍摄自然风光（日出日落、云层变化）、快速呈现长时间内的场景变化（花开花落、事物烹饪），或者想表现紧张、匆忙的氛围（川流不息的人群、车水马龙）等，不过需要注意的是，由于延时摄影所需时间较长，需要把手机调成飞行模式，否则中途有任何打扰就前功尽弃了。

（3）"慢动作"模式

所谓"慢动作"，就是让画面变慢，相比于正常速度的镜头表达，首先"慢动作"更像是为主体添加更细节的描写和刻画，因为很多正常速度的景象，人们可能还没看清就一晃而过了。例如下雪时候的场景，通过放慢速度，可以让用户更好地感受自然。

其次还可以用它来营造氛围，比如人物受伤倒下的情境，正常速度的景象所营造的悲伤气氛可能并不浓烈，但画面慢下来之后，就给了足够的时间来营造氛围。

6.1.3 了解平台拍摄操作

除了手机自带的"相机"功能外，我们还可以使用短视频平台自带拍摄功能，也可以拍出特效大片。不过在这之前，我们需要先熟悉平台内部的基础拍摄操作。抖音、快手、秒拍等各种短视频平台的基础拍摄都类似，我们不一一赘述，只以功能相对齐全的快手为例，看一下基础的拍摄操作流程是怎样的。

首先我们打开快手APP，然后在推荐首页中点击一个"摄像机"的标识，进入拍摄页面后我们会看到以下场景（见图6-2）。在这里，页面下方包含了"拍照""拍57秒""拍15秒""直播"等板块。在这几个板块上面还有几个重要功能，接下来我们来重点分析一下这几个功能。

图 6-2　快手 APP 的拍摄页面

魔法：即魔法表情，这一功能主要适用于自拍，它可以让人瞬间"变脸"，比如"变老"表情就可以让我们看到六十年后的样子。

美化：通常是给滤镜做准备的。在这里有各种滤镜、磨皮和大眼瘦脸等美化功能，可以美化创作者拍摄的视频。

音乐：打开"音乐"功能，会看到一个音乐页面。这里呈现出了大量的洗脑神曲、热歌榜、飙升榜等，我们可以根据自己的拍摄内容来选择合适的背景音乐。

变速：点击"变速"按钮，可以出现五种与速度有关的拍摄功能，分别是"极慢""慢""标准""快""极快"。

定时停：创作者在拍摄前可以选择暂停时间，如在第5秒中暂停，那么当拍摄时间达到5秒时，就会自动暂停。

倒计时：在拍摄时，我们还可以选择倒计时功能，用户可以拖动选择暂停位置，然后进行倒计时3秒钟的拍摄。

6.2　画质：不要让清晰度影响观感

在运营初期，很多人都会因为视频清晰度太低而流失大量用户，对此，一些人的看法是"手机镜头太劣质"。事实是手机镜头越做越好，即使是新出的百元机都足以满足短视频平台对于清晰度的要求。其实主要问题还是出现在我们的操作上，只要在拍摄时注意以下三个细节，清晰度就会大大提高。

6.2.1　采用正确的持机姿势

震动会使视频画面晃动模糊，即使对焦准确，也会因此而影响视频清晰度。其实会出现这种情况，多是由于我们没有掌握正确的持机姿势，也就是没有拿稳手机。虽然可以用三脚架来减低震动的可能性，但更多的时候是以手持拍摄为主，而且在"决定性的瞬间"内，往往不允许摄影者再花时间去放置三脚架并固定手机。那么什么才算是正确的持机姿势呢？它主要分两种情况。

横拍：在手机横拍时，双手拍摄有四个"固定"持机位置（见图6-3），分别为手机的四个角落。可以保证手机的稳定，右手大拇指负责拍摄，尽量避免在横拍时单手持机，因为单手很难掌握平衡。

固定位置　　　　　　　　　　　　　　　　固定位置

固定位置　　　　　　　　　　　　　　　　固定位置

图6-3　横拍时四个固定位置

另外双手持机时，需注意两手上臂要紧贴身体，尽量保持自然下垂的状态并向身体靠拢。千万不要耸起双肩。因为长时间用耸起双肩的姿势拍摄，双肩关节会出现疲劳感，更难稳定相机。

竖拍：手机竖拍时，通常需要单手持机，尤其是拍一些高角度画面或自拍，这时我们就可以用另一只手按"拍摄键"，一般不会出现画面震动的问题。

6.2.2　设置拍摄时的分辨率

分辨率的高低决定了手机拍摄视频画面的清晰度，分辨率越高，画面就越清晰。它主要分为480P、720P、1080P以及4K四种。到这里会出现一个问题，即拍摄的视频很清晰，但上传之后就变得模糊起来。这主要是短视频平台的原因，像抖音、快手等平台入驻的用户过多，官方只有控制视频文件的大小才能有效减轻服务器的压力，所以我们在设置分辨率时，只要保证不超过平台要求的清晰度就可以了。例如，抖音支持的最大视频清晰度为1080P，那么我们在拍摄时，就可以将视频设置为1080P。

那么该如何设置分辨率呢?

使用安卓手机的创作者可以直接打开相机,在拍照页面点击"设置标识",在设置页面(见图6-4)找到"分辨率"选项,并选择相应的选项。

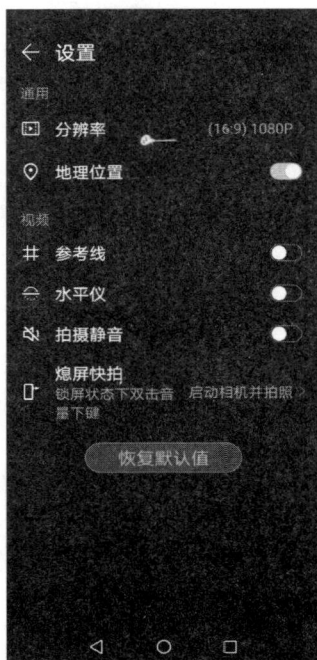

图6-4　安卓手机相机功能里的设置页面

使用苹果手机的创作者则需点击手机页面中的"设置",然后找到"相机",在相机页面的"录制视频"一栏选择需要设置的分辨率。

不过这里会涉及一个因素,即帧速率,也就是我们在设置分辨率时看到的30fps,60fps等,很多人认为帧速率越高,视频清晰度也就越高,但其实帧速率只会影响你的视频流畅度,与清晰度毫无关系。

6.2.3　提高清晰度的注意事项

除了正确姿势和调整分辨率之外,还需要我们注意两个细节的操作,它们对于视频清晰度也有一定影响。

（1）注意衬景与主体的关系

在焦点不变的情况下，主体与衬景之间的反差越大，影像看上去显得清晰度越高。因此要想使主体在画面中显得格外清晰，有意识地选择高反差衬景是很有效的。

（2）尽量使用电脑传输视频

另外需要注意的是，当我们编辑好视频上传时，网页端上传比手机端上传更清晰，所以有能力的情况下，我们应尽量使用电脑上传，这里严禁使用微信传输，因为视频会被压缩而有损清晰度。建议使用QQ、网盘等传输，在电脑端下载后，直接分享到短视频平台。

6.3 构图：短视频变"大片儿"的秘诀

经常摄影的人都知道，拍好一张照片需要依据画面构图，这样才能让画面有更好的视觉重点以及层次感，使得整张照片显得更加高级、耐看。对于短视频来说，构图同样重要。它并不是点击拍摄键把内容表达出来就结束了，如果没有舒服的构图形式，那么用户对于短视频的观感会非常差劲，所以掌握构图的方法就显得尤为重要。常用的构图方法有以下五种。

6.3.1 九宫格构图法

九宫格是拍摄中常用的一种构图形式，它可以让你拍出来的视频有一种平衡感和宽松感。它主要是利用画面中的上、下、左、右四条黄金分割线将画面进行分割。在数学中黄金比例约为0.618：1，在画面中1/3左右的位置，上、下、左、右四条线都以此为标准，所以九宫格构图法就此产生。其中四条线为画面的黄金分割线，四条线所相交的点则为画面的黄金分割点。

黄金分割线被认为是最具美感的线，只要不是对画面有特殊要求，或者背景过于杂乱，我们都可以选择九宫格构图法拍摄。那么我们该如何使用"九宫格"来构图呢？其实很简单，现在大多数手机都设置了九宫格辅助构图线，我们只要将主体物放在九宫格的线上，或是交叉点上，那么这样拍出来的视频就会更符合人们的审美要求。不过需要注意的是，在拍摄时，主体物的位置要略微靠下，最好在2/3的位置。

6.3.2　对称式构图法

对称式构图是按照一定的对称轴或对称中心，使画面中的主体形成轴对称或中心对称，它具有平衡、稳定、相呼应的特点，常用于表现对称的物体、建筑以及特殊风格的物体。不过它的缺点也正来自它的特点，即利用这种构图方式拍摄出来的短视频，会由于其平衡、稳定的特性而显得过于呆板，且毫无变化。所以除非特定题材，如纪录片，或展现对称物体的内容（见图6-5），否则千万不要把这种构图方式运用到快节奏的短视频中。

图 6-5　抖音中展现对称建筑物的视频

在使用这一构图方法时，需要在对称的同时留意一些基本原则，比如人物元素在保持对称的同时稍稍较中心位置向下，如此才能体现画面中对称双方的关系。

6.3.3 引导线构图法

人眼对线条有着天生的敏感，尤其是具有明显方向性的线条。所以利用一组或多组线条来引导用户视线，使之汇聚到画面主体的方法，叫作引导线构图法。它适合大场景、远景的表现。当然引导线并不是一定要有具体的线，只要是有方向性的、连续的东西，都可以称产生了引导线（见图6-6）。它的使用方法分为以下两种。

图6-6　引导线构图法示例

（1）汇聚线

它是引导线中最典型、最常见，效果也最显著的一种，而且它的获取方式也比较简单，找到具有方向性、连续的长条形物体，进行平拉远拍，透视效果就能产出汇聚线。当然汇聚线不一定要从前景中央汇聚到远方，你可以尝试从画面一角汇聚到另一角，让汇聚线呈近对角排布，这样拍出来的画面会更具动感效果。

（2）增加趣味点

视觉引导线的作用是吸引注意力，但其本身并不具有观赏性，所以需要在画面中添加趣味点，它的方法很简单，就是在"引导线"尽头、中央、两边等放置景物，比如在一条平直延伸的马路上出现一群羊，或者一个人，这些"景物"的设置会增加画面的趣味性，不过需要注意的是，它不能对引导线主体形成太大干扰，否则画面会变乱。

6.3.4　框架式构图法

框架式构图，是将画面重点利用框架框起来的方式，引导用户注意框内景象，它让短视频产生一种窥视的感觉，进而使得画面充满神秘感，以此来吸引用户的注意力。如果你细心留意，就会找到很多用来搭建框架的元素。比如门窗、树木花草、雨雪、雾气，甚至是非实体的光影，都可以充当框架（见图6-7）。它一般适用于以下三种场景。

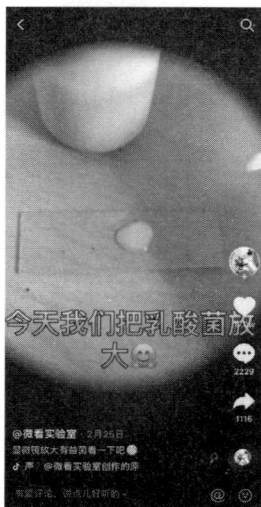

图 6-7　框架式构图法示例

①在拍摄时，一些画面看起来会比较"平"，没有层次感，如果使用框架式构图，可以为画面增加一个层次，显得更有空间感。

②当拍摄画面出现很多干扰物时，可以利用"框架"进行选择性遮挡，让主体更为突出。

③当画面需要气氛烘托时，框架式构图法是不二之选，我们可以让镜头靠近框景元素，采用大光圈拍摄，这时框景元素就会被虚化，形成大片的色块，不但可以为画面增添色彩渲染氛围，还能突出主体表达重点。

6.3.5　中心式构图法

中心构图是最简单、最常用的，是指把拍摄主体放在画面的中央位置，这样做不但可以突出主体的核心位置，还能够交代主体细节。不过需要注意的是，这种构图方法最容易使画面凌乱，所以在选择主体时需要谨慎，操作不当便会令视频效果更差。为了避免这一缺点，在使用这一构图法时需要掌握以下技巧。

①背景不能杂乱无章，最好寻找一个简洁或与主体有较大对比的背景，以此来凸显主体。

②如果没能找到简洁的背景，那么我们可以通过放大光圈、长焦距的方式，让主体从背景中跳出来，加强对于主体的表达。

6.4　光线：有了光，视频才有生命

影像的形成与光息息相关，如果没有充分的光线环境，影像便无法在感光材料上得以保存，即使你的手机有再高的像素，也无法拍出清晰视频。

所以说光是影像生命力的源泉，光照进镜头，视频才有了生命。纵观那些优秀的短视频作品，都是在光线充足的环境下拍摄完成的。而这些光有一些是人造光，一些是自然光，而如何应用这些光将视频拍出想要达到的效果，则需要我们对不同类型的光进行深入了解。

6.4.1 主光

主光是一个场景中最基本的光源，其他灯光在场景中只起辅助作用。在拍摄时，我们首先要确定的是主光的位置，用它来照亮场景中的主要对象与其周围区域，并且担任给主体对象投影的功能。视频中主要的明暗关系由主光决定，包括投影的方向。那么主光是从何而来呢？

在室外拍摄的视频，主光一般由自然光形成。当然如果在一些光线较为阴暗的地方或者室内，还需要柔光箱来发挥作用，这种光线相对而言较为均匀，控制起来比较方便，因此经常被用作照亮被拍摄主体的轮廓。

在用主光拍摄时，要尽可能避免手机靠近主光源，否则拍摄出来的人或物会非常普通，没有特色以及想象空间。

6.4.2 辅助光

辅助光又称补光，就是相对于主光而起到辅助作用的光线。它在短视频拍摄中所起到的作用是提亮主光未照明的区域，并通过副光来调整光比，柔化主光形成的阴影。通常辅助光的亮度只有主光的50%~80%。当主光与辅光同时开启时，我们就可以看到阴影部分的细节，由主光造成的大光比现象会明显减弱。

一般来讲，辅助光通常放在与主光相反的一面，比如主光在主体的左边，那么辅助光就要设置在主体右边，以避免让阴影过黑。而要想获得辅助光和主光的最佳光比，则需要现场拍摄人员反复调节主光与辅助光的明暗度，构建最适合短视频拍摄的光影场景，营造出最佳视觉效果。

6.4.3 背光

背光又称"逆光"（见图6-8），光线主要来自拍摄主体的正后方，逆光能使主体产生生动的轮廓线条，从而使画面产生立体感、空间感。

图6-8 创作者"陈立维记·摄影旅行"视频中的背光画面

大多数情况下，被拍摄主体都会与背景拉开一定的距离，所以背景比被拍摄主体距离光线更远，这就使得背景的亮度相对于被拍摄主体暗淡许多。在这种情况下，不处理光线问题就直接拍摄的话，会导致被拍摄主体看起来如同融入黑暗的背景中。如果有了背光，那么被拍摄主体的轮廓就会被完美勾勒出来，显得更加立体。

那么该如何使用背光拍摄短视频呢？

（1）巧妙利用太阳光作为背光

在拍摄过程中，直射的太阳光经常会强硬地照亮被拍摄主体，你可以将之作为背光，让被拍摄主体更具轮廓感和线条美。

（2）从侧面或者背面用光照射拍摄主体

当没有太阳光时，我们可以使用灯光从被拍摄主体的侧面或者背面照射，构建出背光。

6.4.4 侧光

侧光即被拍摄主体平行两侧的光，利用侧光拍摄可以让被拍摄主体产生明显的明暗对比，即被拍摄主体的受光面会表现得很清晰，而背光面则会产生明显的阴影效果（见图6-9）。所以侧光拍摄非常适合营造戏剧般的心情和明暗对比的灯光。

一般情况下，手机拍摄方向和光线投射方向呈90度角。

如果灯光在拍摄主体的侧面，与拍摄主体处在同一水平面，那么这种光会被称为"斧头光"，因为它可以从视觉上将被拍摄主体切分为两部分，这种照明够更好地展现被拍摄主体在光线下的明暗对比，营造出富有立体感的视觉效果。

如果灯光在拍摄主体的侧上方，并与拍摄主体呈45度角，这是人像摄影的经典灯光角度，可以让人物看起来既自然又漂亮，脸部也会更加立体。

图 6-9 侧光拍摄画面

6.4.5 反光板

反光板是拍摄照明的辅助工具，由锡箔纸、白布、米菠萝等材料制成，在拍摄时起到的是辅助照明的作用，有时也会当作主光使用。一般情况下，主光和反光板配置在拍摄轴线两侧。反光板主要分为四种颜色，我们需要根据不同颜色产生的作用来为短视频选择合适的反光板。

（1）银色

它拥有较强的反射率，可以在光线较弱的情况下起到很好的布光作用，不过银色面反射出来的光线色温较高，会使画面色调变冷。另外如果在室外阳光强烈的环境下使用，银色面反光板会有反射过强的问题。

（2）白色

白色面反光板属于漫反射的性质，其反射率较低，"射程"也非常短，但它所形成的布光效果最为柔和，适合光线较强的环境或者近身使用。

（3）金色

与银色面反光板一样，它也拥有较强的反射率，不同的是其所反射出来的光线色温较低，会使画面色调变温暖，不过这种色调在调色时较难掌握，所以如果没有特殊原因，尽量不要使用金色面反光板。

（4）黑色

严格来说，黑色面反光板并不是反射光线的，而是吸收光线的。它一般用于消除环境原有光线的反射。在拍摄人像时，由于种种原因不得不用到顶光拍摄，采用这种光线拍出的人脸常会产生"浣熊眼"。通过把黑色反光板放在被拍摄者头上的办法，可以减少顶光。

6.5 视角：不同的角度，不同的效果

什么是摄影角度呢？它是摄影机拍摄时的视点，在短视频拍摄中，是以确定一系列拍摄角度来完成造型任务以及叙事任务的。活跃的拍摄角度，能够创造十分复杂的画面形式，改变人们眼中的惯见形象。对于同一被摄对象来说，不同方向、不同角度的造型，将会得到不同的画面结构和视觉形象，从而为用户带来不同的视觉效果。

6.5.1 拍摄高度

摄影高度也被统称为摄影角度，是指摄像机和被拍摄对象之间在高度上的差异，在拍摄中，常用到的角度主要有以下三个。

（1）平拍

平拍是指拍摄视点与被拍摄对象处于同一水平线上，以平视的角度来拍摄。其所拍出来的画面效果非常符合人们观察事物的习惯，与人眼看物体的角度相同。在平拍画面中，几乎不会出现被拍摄对象扭曲、变形等情况，它能非常真实地还原被拍摄对象的客观形象。但需要注意的是，过多使用平拍会使拍摄画面显得呆板。要改善这样的不足，我们可以在平拍时从不同方向展现被拍摄对象。

正面平拍：镜头光轴与被拍摄对象"面对面"，可以使画面端庄，构图有对称美，适用于拍摄人物。

侧面平拍：从被拍摄对象视平线成直角的方向进行拍摄。

斜面平拍：介于正面和侧面之间，侧面、斜面平拍都有利于勾勒被拍摄对象的侧面轮廓，给人以鲜明的立体感。

（2）俯拍

俯拍是指拍摄短视频时，拍摄人员以一个很高的角度从上往下拍画面。由于俯拍时，被拍摄对象离镜头有一定距离，所以该视角内的景物层次分明，在数量和地理位置的表现也更加清晰明显，它可以轻易包揽被拍摄对象的全貌，给人一种"一览众山小"的视觉体验。与被拍摄对象距离越远，进入的镜头画面的元素就越多，画面也就越精彩。所以，当我们想要营造盛大、辽阔、壮观的视觉效果时，俯拍是最好的选择（见图6-10）。

不过需要注意的是，在人像拍摄时选择俯拍，会显得人又矮又胖，不够美观，如果只是为了凸显人物冷调性格（专注、端庄、阴郁），把镜头放在稍稍高于眼睛的位置即可。但如果是类似活泼、幸福等暖调性格，那么俯拍时可以让人物的眼神迎向镜头，传达出亲密的交流感，这样能更好地展现。

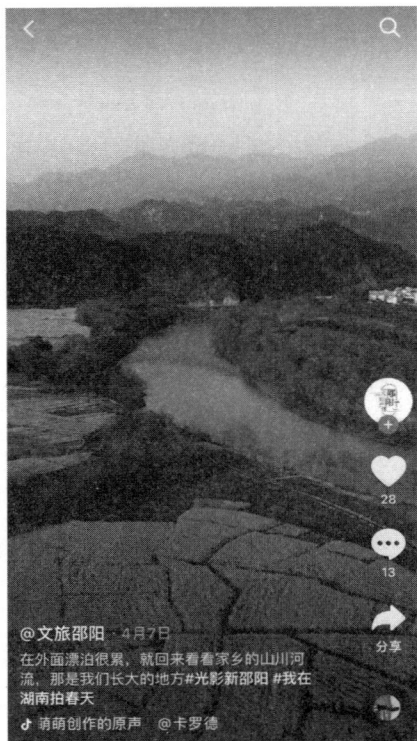

图 6-10　俯拍画面

（3）仰拍

仰拍是指从低处往上拍的角度，用仰拍角度去发掘和捕捉被拍摄对象的别样面貌，可以强调出其高大的气势。因为透视的关系，仰视会使得画面中水平线降低，前景和后景中的人或物在高度上的对比随之发生变化，从而使得处于前景的人或物被突出和夸大，最终创造出强烈的视觉冲击效果（见图6-11）。

图 6-11 仰拍画面

6.5.2 拍摄方向

拍摄方向是以被拍摄对象为中心，在同一水平面上，围绕被拍摄对象四周选择拍摄点，在拍摄高度不变的情况下，不同的拍摄方向会展现出被拍摄对象不同的形象。

（1）正面

是指镜头在被拍摄主体的正前方进行拍摄，可以凸显被拍摄对象的特点、特色，使其更容易在用户心中留下深刻印象。熟练运用正向拍摄，你的短视频才能更好地展现被拍摄对象的正面特征，诸如小动物的萌，女性的高颜值等（见图6-12）。

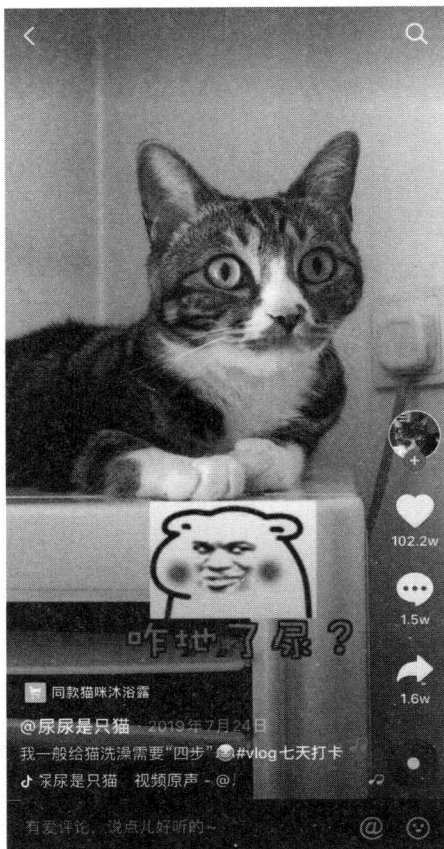

图 6-12　正面拍摄

当被拍摄对象体积比较大的时候，你可以站在其对称线上拍摄，这样更容易拍出对方的正面特色，构建良好的视觉效果。

（2）侧面

侧面拍摄是指镜头与拍摄对象正面方向或呈90度的位置上拍摄，它能很好地表现出正面与侧面相结合的棱线，使得被拍摄对象的形象、轮廓、立体效果都能够得到充分的表现。该方向有利于表现被拍摄对象的运动姿态以及富有变化的外部轮廓线条，最能体现运动特点（见

图6-13）。

图 6-13　侧面拍摄

（3）背面

所谓背面拍摄，是指从拍摄对象的正后方拍摄，在进行背面拍摄时，观看视频的用户不能直接看到视频中所拍对象的正面形象，只能凭借着想象猜测。因此采用这种视角拍摄出来的短视频往往能够激发用户的好奇心，快速提升人气。

例如，抖音创作者"方时七"发布的一条标题为"有些人只看背影就很好看，没想到回头的时候……"的短视频，开头就采用了背面拍摄的视角，留给了用户无限的想象空间，极大地激发了用户的好奇心："是否真的如传言所说，背影好看的人正脸都不好看？"结果一回头的甜美外表给了用户很大的震撼，原来背影美的人正面也很美啊。因此这一短视频收获了88.3万的点赞及1.1万的评论。

6.6 景别：让观众更有代入感

景别是指由于摄像机与被拍摄对象的距离不同，而造成被拍摄对象在摄影机寻像器中所呈现出的范围大小的区别。被拍摄对象离镜头越近，画面范围越小，景别越小；被拍摄对象离镜头越远，画面范围越大，景别越大。在短视频中，摄影师利用复杂多变的场面调度和镜头调度，交替使用各种不同的景别，可以使剧情叙述的处理更具有表现力，从而增强影片的艺术感染力。

6.6.1 远景

远景是在画面中离中心视点距离较远、较开阔的景物，能够很好延伸画面的视觉层次，增加作品的意境及丰富画面。它在景别中范围最广，表现空间最大，属于视距最远的景别，它分为大远景和远景，其中大远景主要用来展示宏大场面，如辽阔的草原、绵延的群山等，即使出现人物，其所占的画面比例也非常小，多以场景为主。远景则与之相反，它拍摄的主体可以是景也可以是人，甚至是一些总的氛围都能很好地展现出来（见图6-14）。

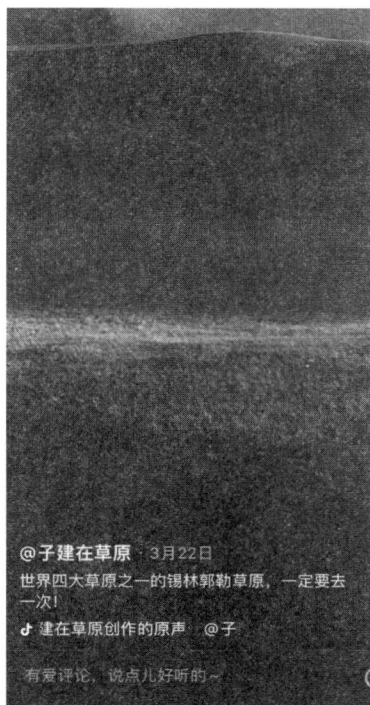

图 6-14 短视频中的远景画面

远景的拍摄方法很简单，主要分为以下三种。

（1）使用小光圈拍摄

远景画面的展示范围大，一般没有明确的主体，所以不需要虚化，使用小光圈就可以获得更广的景深，从而得到全范围清晰的画面。

（2）尽量避免顺光拍摄

远景拍摄时可以选择侧光，这样可以形成画面层次，显示空气透视效果，避免透视效果。另外为保证画面清晰，ISO（感光度）不要调太高，否则会出现噪点，影响画面清晰度。

6.6.2 全景

全景的拍摄范围是人体的全部以及周围背景，它的范围比远景要小，但有明确的视觉中心，它重在强调画面主体和环境之间的关系。较之远景，人物占比更大，它能够清晰地展示出人物的行为动作，表情相貌，甚至在某种程度上也可以用来表现人物的内心活动。全景画面中包含整个人物形貌，既不像远景画面由于细节过小而不能很好地观察，又不会像中、近景画面不能展示人物全身的形态动作。在叙事、抒情以及阐述人物与环境关系的功能上起到了独特的作用。但需要注意的是，在构图时绝对不能使人物在画面中给人产生"顶天立地"的感觉，要留出一定的上下空间，保持画面构图的美观和完整性。

对于有人物参与的全景画面，最重要的是要能够表现出场景中人物的位置关系，以及人物和环境之间的关系，比如在餐厅内，一家之主坐在"主位"，紧邻一家之主的是他的妻子，其次是他的孩子等。在这个画面中，一家人的身份交代就比较清楚，环境、道具也能让用户看得明白。当然，全景镜头并不总是重点突出人物。

另外，在全景构图时，我们可以选择前景和背景来突出主体，体现空间感，这样可以丰富画面内容。

6.6.3　中景

在画面下方卡在膝盖左右部位（一般不正好卡在膝盖部位，这是摄影的大忌）或场景局部画面，被称为中景画面，这是最常见的一种景别。中景和全景相比，包容景物的范围有所缩小，重点在于表现人物的上身动作，有着很强的叙事功能，在包括对话、动作和情绪交流的场景中，利用中景景别能够展现出人物之间、人物与环境之间的关系。它可以更好地表现出人物的身份、动作以及动作的目的。在多人出现时，也可以清晰地表现出人物之间的相互关系。

在拍摄多人物的中景画面时，需要选择好背景或者前景，否则拍出来很容易产生"游客照"的视觉效果，比如我们可以用栏杆、植物、书架等道具充当背景或者前景，这样既能烘托视频主题，也不至于画面过于普通。

6.6.4 近景

拍到人物胸部以上，或者物体的局部可以称为近景，因为人物的头部尤其是眼睛为整个画面的重点，所以近景常常被用来细致地表现人物的面部表情和情绪，它是刻画人物性格的主要景别之一，如果说远景给人的感觉是置身事外，隔岸观火；那么近景就是拉近被拍摄主体与用户距离的最优选择，它增强了视频的交互性，主观意识被提高了（见图6-15）。

图 6-15　近景画面

近景用在人物上，当然是意在人物的神情；而若用在景物上，那就是表现物体表面细腻的质感，就像观众能摸得到一样，也是增强了交互性。在拍摄近景时，环境表现并不重要，甚至可以直接忽略，所以近景画面的构图应尽量简练，如果背景过于杂乱，我们可以使用长焦镜头、大光圈拍摄，利用小景深把背景虚化掉，只突出主体。

6.6.5　特写

特写是指人肩部以上的头像或其他被拍摄对象的局部，它能表现人物的面部表情，刻画人物，表现出复杂的人物关系。它具有生活中不常见的视觉感受，主要用来描述人物的内心活动，背景处于次要地位，甚至可以直接消失。当然，我们也可以用来拍摄人身体部位的其他特写镜头，无论是人身体的哪个部位或者其他对象，均能带给用户强烈的印象。

6.7　运镜：为短视频注入气氛和情感

当我们掌握了画质清晰度、光线、构图、镜头角度、景别等一系列方法后，会发现拍摄出来的短视频依旧毫无章法，我们无法把这些画面联系起来，或者无法拍出有吸引力、有张力的视频。其实产生这些问题的原因是因为我们的运镜不当。

所谓运镜，就是运动镜头。当我们掌握灵活运镜的技巧后，不仅可以达到平滑流畅的效果，更能为影片注入气氛和情绪，让镜头充满活力。

6.7.1　运镜基本功

运镜可以让画面更有动感，没有运镜的画面会让人觉得很死板。而要想学会运镜，首先要掌握以下八种运镜基本功。

（1）推

推镜头是从远到近的构图变化，在被拍摄对象位置不变的情况下，向前缓缓移动或极速推进的镜头，这时画面的取景范围会由大到小，主体部分或局部细节会逐渐放大。

（2）拉

与推镜头的运动方向相反，由近而远向后移动离开被拍摄主体，取景范围由小变大，被拍摄主体与观看用户的距离也逐步加大。

（3）摇

拍摄时，手机不做移动，借助于三脚架上的活动底盘使镜头上下、左右甚至旋转拍摄，犹如人的目光顺着一定的方向对被拍摄主体巡视。

（4）移

手机沿着水平方向左右横移拍摄的镜头，类似生活中人们边走边看的状态，相比于摇镜头有更大的自由，能打破画面的局限性，扩大空间。

（5）跟

跟随被拍摄主体，并保持等距离运动的移动镜头。

（6）甩

甩镜头是快速移动手机，从一个静止画面快速甩到另一个静止画面，中间影像模糊，如果运用得当，会出现光流效果。

（7）升

借助升降装置，一边上升一边拍摄。

（8）降

借助升降装置，一边下降一边拍摄。

6.7.2　运镜技巧

有了基本功之后，再掌握一些运镜技巧就可以让整个视频变得非常有张力、吸引力。常用技巧包括以下四种。

技巧一：平移运镜

平移运镜属于运镜技巧中的入门手法，具体操作正如名称所示，即画面主体不动，镜头平移远离或者靠近主体。在平移运镜时，要规划好路线，保持匀速移动的同时还要保持拍摄的稳定性。

平移远离通过由近到远向后移动来远离被拍摄主体，使两端景物逐渐增加，以此来交代场景环境，会使用户在观看时形成一种壮观感。

平移靠近则与之相反，在拍摄中使景别逐渐从远景、全景再到近景，甚至是特写，这种从远到近的过程更容易突出主体，让用户在观看时逐步集中视线。

技巧二：环绕运镜

拍摄环绕镜头时需要保证手机位置不变，以被拍摄主体为中心进行旋转移动，该运镜方式不但能够突出主体、渲染情绪，而且能让画面变得更有张力。值得一提的是，环绕运镜的重点首先是要保证镜头与主体之间的距离要一直保持一致，不能拍着拍着就变成平移运镜了。其次是运动尽量保持稳定，拍摄人员可以通过压低重心、匀速小步的方式，提高稳定性。

技巧三：极速切换

不管是用于人物交谈还是转场，该种运镜方式都可以让视频自然转接，不会显得生硬。而且还能自然衔接两个不同的场景，营造脑洞大开的剧情。不过在使用这一运镜方式时，要保证画面的稳定性，最好使用稳定器，目前很多稳定器都有极速跟随模式，通过手臂的摇晃摆动，稳定器会及时响应跟随，营造出画面转向模糊的即视感。不过要注意移动时手臂的力度，通过手臂发力带动稳定器转动，力度过大会对其造成损害。

技巧四：移动跟随

拍摄人员与被拍摄主体同步移动，呈左、右、前、后同一水平线的位置，关键是要保持等距拍摄，并进行匀速移动。一般这类镜头都会使用航向跟随模式，在移动跟随时，可以根据不同焦段去搭配广角或者长焦镜头，会营造出不一样的视觉效果。

技巧五：升降运镜

升降运镜是指一边上升或者下降，一边拍摄。拍摄时，拍摄人员需要降低重心，身体从半蹲到慢慢站立，或者从站立到逐渐半蹲。而稳定器也需要通过手臂逐渐抬高或者降低。该镜头能够带来画面的拓展感及画面感情状态的变化。

7 剪辑制作:

做视频界的灵魂"剪刀手"

著名剪辑师廖庆松曾说："剪辑师是电影最后品质的管制者，一定要扛起整个片子的成败。"是的，没有一个视频是可以一镜到底的，基本上所有优质的视频都是经过无数次修改剪辑，才将最好的一面呈现在大家的面前。所以，拍摄好视频素材之后，还需要"剪刀手"对其精心剪辑。

7.1　选择适合自己的剪辑软件

俗话说："工欲善其事，必先利其器。"有一个好的工具可以让你的工作如鱼得水，对于剪辑也是如此。现在市面上的剪辑软件越来越多，包括免费的、付费的、专业的、简单易操作的等，每一个软件都有自己强大之处，但对于剪辑师来说，适合自己的才是最强大的。所以说选择适合自己的剪辑软件非常重要。

7.1.1　手机剪辑软件

手机剪辑软件不仅方便，而且操作简单易上手，它能帮助我们将剪辑好的视频保存在手机中，并直接通过手机上传到短视频平台。接下来我们介绍四款手机必备剪辑软件。

（1）VUE Vlog

VUE Vlog 曾连续两年获取 App Store 年度精选，是集剪辑和拍摄于一身的软件。

该软件的剪辑功能相对较多，但滤镜尤为出彩，各种风格都有涵盖，精细度也非常高。它能帮你的视频呈现出电影大片儿一样的效果，其内置的 L 和 F 系列，更是给你一种仿佛自己正在拍摄电影的感觉。

它还支持六种视频画幅（见图 7-1），甚至还专门设置了 Vlog 套件，只要添加素材，就能帮你自动生成一段Vlog视频。另外软件自带的"VUE"水印可以在设置中关闭，我们可以加上自己的水印。

◎　　◎　　◎　　◎　　◎　　◎
竖屏　标准宽屏　超宽屏　方形　圆形　淘宝主图

图7-1　VUE Vlog 的六种视频画幅

（2）Quik

Quik最大的特点就是几乎不用动手，它的操作流程很简单，只需要你上传本地视频，软件便可以通过后台在最短的时间内找到视频中的"最佳时刻"，然后为其添加特殊效果和过渡，我们只需要选择合适的音乐同步画面，并编辑文字即可生成一段视频。所以，该软件是非常适合"剪辑小白"使用的懒人剪辑软件。

（3）Enlight Videoleap

Enlight Videoleap是一款非常专业的手机剪辑App，需要基础的剪辑理论知识。但适用性非常强，无论你想制作充满艺术性的好莱坞级大片，还是仅仅与朋友分享美妙的回忆与瞬间，都可以尝试 Enlight Videoleap。

它的基本操作方法非常易懂，进入编辑界面后，以时间轴模式呈现，添加的素材都会排列在时间轴上，我们只要在时间轴上直接操作即可。值得一提的是，在Enlight Videoleap中我们可以添加任何图片、GIF，都会自动转化为视频。

在该APP中还提供有混合器、文本、音频、滤镜、调整、效果、色调范围、格式八大功能。每一次处理都会增加新的图层，图层可以排列，还可以分别处理，并不会破坏原有的视频。如果添加了多个素材，可以直接拖动这些素材到想要的位置重新排列。而且支持用户添加、复制关键帧，制作有趣流畅的动画。

Enlight Videoleap的混合器功能非常强大，可以将图片与图片、图片与视频叠加在一起进行混合处理，你可以对添加的视频进行放大缩小角度调整，用好之后，你的短视频一定可以"不落世俗"。

蒙版可以用来隐藏或者显示图层的各个部分，与混合器相互配合效果更佳，当然也可以给视频的不同时段尝试不同蒙版，显得视频更有冲击力。

音效功能更是十分方便，不但可以使用软件自带的音乐，而且还可以从手机的音乐库里添加音乐。

滤镜功能自带19种滤镜，每种滤镜都可以调整强度，在调整功能中，我们可以对视频的各种如亮度、对比度等参数进行修改，可以自行调整到最适合视频的参数。

如果你追求专业化的手机剪辑，那Enlight Videoleap完全能满足你。

（4）猫饼

猫饼拥有不输其他软件的剪辑功能，比如特效、字幕、滤镜等都可以轻松搞定。不过它的亮点在于"音乐踩点功能"，它可以帮助我们找准音乐节奏，使音乐和画面达到高度配合。

7.1.2 电脑剪辑软件

如果你对短视频的质量要求较高，便可以使用电脑剪辑软件，它可以让视频质量更加精美、优良。必备的电脑剪辑软件包括以下两种。

（1）快剪辑

快剪辑是360出品的一款零基础剪辑软件，无水印、无片头片尾，拥有强大的视频录制、合成、截取等功能，支持添加视频字幕、音乐、特效、贴纸等。与其功能相似的还有爱剪辑。它们都属于操作简单易上手的类型，不习惯用手机制作的"剪辑小白"，可以在刚接触电脑剪辑时用这两款软件入门。

（2）Pr

Pr全称Adobe Premiere，它是一款编辑画面质量比较好的软件，有较好的兼容性，且可以与 Adobe 公司推出的其他软件相互协作。不过对于电脑配置的要求较高。但它确实是一款易学、高效、精确的视频剪辑软件，Adobe Premiere 提供了采集、剪辑、调色、美化音频、字幕添加、输出、DVD 刻录的一整套流程，可以说每一个剪辑师的电脑里都拥有一款 Adobe Premiere。Adobe 公司推出的另外一款软件 After Effects，通常与其搭配使用，主要用于特效合成。

（3）Edius

该软件对于电脑配置的要求并不高，是一款支持更多格式、更高分辨率的实时编辑软件，迅捷、易用和稳定的特点让它成为各类视频完美的专业后期制作工具，Edius 为剪辑师提供了很多创意选项，并且支持通用的 SD、HD 甚至 4K 和 HDR 格式的实时编辑，无须渲染。这也使之成为当前最实用、最快速的非线性编辑软件。

7.2　滤镜让画面变得更美观

在这个人人都能拿手机拍出高清视频的年代，要想让视频质感进一步提升，最关键的一步就是"滤镜"。一个平常的景色，在滤镜的修饰下，就可以让画面变得更加美观，整体风格也会随之改变。所以说滤镜是任何高端视频都不可缺少的一部分。

那么该如何给视频添加滤镜效果呢？我们可以通过以下两个操作完成任务。

7.2.1　使用平台自带的滤镜效果

在各大短视频、剪辑平台中上传或编辑视频时，可以选择平台内部自带的滤镜效果为视频增添美观度。例如，微视就为创作者们呈现了多种视频滤镜效果。

只要我们打开拍摄页面，点击"滤镜"功能，会发现它呈现出来的选择非常多（见图7-2），我们可以根据视频主题选择相对应的滤镜效果。例如，我们的主题是怀旧，那么我们便可以选择"复古滤镜"渲染画面。

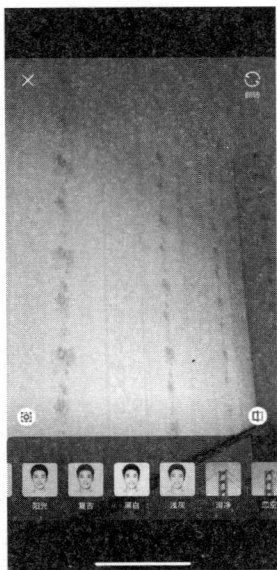

图 7-2　微视视频的滤镜效果

这个功能主要是让你拍摄的画面更加唯美，主要针对人像、风景、静物、美食等，分别有花样、低噪、焦茶等滤镜效果。另外，在"美颜"中还有美颜、美妆、美体、智能美颜等功能，针对自拍人像的美颜处理，可以让视频中的你看上去更加清纯美丽。

此外，微视中还有"智能模板"可以选择，我们只要选择与视频内容相匹配的模板，就可以使用模板中自带的滤镜、音乐等效果。"智能模板"中针对不同风格设置了不同选项，如"旅行""文艺复兴""自拍"等。

剪辑平台中的滤镜效果与短视频平台并无太大区别，这里就不一一赘述了。

7.2.2 用调色创建独特滤镜风格

如果我们对平台内部自带的滤镜效果不满意，还可以通过自己调色使画面达到想要的效果，并且创建独特的滤镜风格，不过这极其挑战创作者的审美，稍有不慎就会与理想效果出现很大偏差，所以在调色之前我们可以先将视频备份，这样出现差错后还可以使用备份的视频重新调整。那么该如何给视频调色呢？

目前很多手机、剪辑软件都带有自动调色功能，以苹果手机为例，其相机自带的调色项目主要包括曝光、高光、亮度、对比度、饱和度、阴影、色温、色调、锐度、清晰度、噪点消除、运营等。我们在调色的时候不可能全部用上，剪辑师通常使用的调色项目只有以下四种。

亮度：它既可以调大也可以调小，如果视频过于暗淡，则需调大；过于明亮，则需调小。主要根据视频风格设置。

饱和度：将饱和度调大，它会让视频中的颜色变得更加饱满、浓艳，但也不要太大，这样会让颜色失真。调小，视频中的颜色则会暗淡无光。

锐度：一般情况下，视频的锐度不要超过30，否则噪点会变多。适当提高锐度，可以增强视频的清晰度。

色温：色温越高，视频中的色调越暖；色温越低，视频中的色调越冷。

当然，如果创作者追求更高的视频质量，可以使用专业的调色软件进行处理，如Pr，它有一个最简单快捷的方法，就是使用PR LUTs调色预设进行调色。LUTs预设调色能更好、更快、更容易地将颜色校正和分级调色，让你的画面看起来更像电影胶片色彩。而且现在大部分后期软件都可以使用LUTs，也就是说你可以很方便地将LUTs引入你的后期流程中，并在此基础上做稍微调整就能呈现很好的色彩风格。

7.3　文字能让用户更好地理解内容

早在20世纪初，无声电影就开始添加字幕，当时还叫"字幕卡"。"字幕卡"起到的作用是引导剧情发展，介绍剧情场景。虽然现在大家看到的都是有声电影，但字幕的作用却没有消失，尤其是当你看到一个带有"方言""外语"等内容的视频时，如果没有字幕你会非常抓狂。所以，字幕是一个非常重要的环节。

7.3.1　字幕制作的基本要求

字幕可以修正口语中漏掉的关键字词、修正不太严重的口误、修正不便对声音修改的发音等多种好处，所以现在很多短视频创作者也都意识到字幕的重要性。不过添加字幕并不是我们想象中的那么简单，如果你想要画面简洁、美观，那么你的字幕要符合以下基本要求。

①字幕格式要求为独立的SRT格式文件。

②每屏画面字幕只能出现一行，16∶9画幅每行不超过20个字；4∶3画幅每行不超过15个字。

③字幕位置为左右居中，上下段字幕的时间码不能重叠，要留有一定的间隔。

④字幕中要反映声音语言的基本意图，去掉多余的语气词、口头禅、错误用语、复句等零碎词语，如"啊""那个""就是"等。

⑤字幕要完善年份、年代。如表所示（见表7–1）。

⑥字幕中的数学公式、化学分子式等，尽量以文本文字呈现。例如，

水的化学分子式为一氧化二氢；$n \geqslant 3$，在字幕中表现为 n 大于或等于 3。

表 7-1　年份、年代字幕表达方式

语言表达	字幕
70 年	1970 年
上世纪 70 年代	20 世纪 70 年代

⑦视频中如果出现外国人名，不管口语是中文还是英文，字幕显示一律使用中文。

⑧希腊字母用软键盘输入即可。QQ、搜狗等任何输入法都可以右键点击输入法图标上的软键盘标志，里面有很多种选择，如希腊字母、俄文字母等。

7.3.2　制作细则——标点符号

字幕中如果出现太多标点符号，会使视频画面变得更加凌乱，带来极差的观看体验，所以在编辑字幕时，对于标点符号要谨慎使用。

①字幕中表示语言的停顿和语气的标点符号一般不使用，包括逗号、句号、问号、叹号、分号、冒号，可以用空格代替。

②标明语句性质和作用的标点符号可以根据具体情况使用，常用的标点符号有以下几种。

书名号。书名、报名、刊名、文章名等，都需要用到书名号，比如"在《人类简史》一书中"。

间隔号。外国和某些少数民族人名内各部分的分界，多用间隔号标示，比如"哈利·波特""古力娜扎尔·拜合提亚尔"。

引号。具有特殊含义的词语，如表所示（见表7-2）。

括号。纠正口误的文字，用括号说明。例如，放在桌子上的是一本故事书，但却被说成"这是一本教科书"，那么在字幕中的表现就是"这是一本（故事书）"。

表 7–2　字幕中可以使用引号的情况

字幕中可以使用引号的情况
飞往南方的燕子排成了"A"字形，一直往南方飞去……
他在桌子上刻了一个"早"字

连接号。两个相关的名词构成一个意义单位，中间用连接号。例如，相关的时间、地点或数目之间用连接号表示起止。相关的字母、阿拉伯数字等之间，用连接号表示产品型号。

7.3.3　制作细则——数字用法

在字幕中，并不是出现的所有数字都可以使用阿拉伯数字，而是要具体情况具体对待，只有在正确时候出现正确的数字，才会给用户一个不错的观看体验。

①一般情况的数值，如小数、分数、正数、负数、比例、百分比等，必须使用阿拉伯数字。其中分数中的分号线用"/"表示，如"1/2"。

②带有数字的词组、成语、惯用语、缩略语或具有修饰色彩的词语等，必须使用汉字。例如，一律、一方面、二倍体、星期五、五省一市等。

③时间单位的词语，根据不同情况使用数字（见表7–3）。

表 7–3　时间单位词语使用数字细则

可以使用数字	不可以使用数字
表示具体时间点，如 15：40、14：12、4：00 等	中国干支纪年和夏历月日，比如丙寅年十二月七日、正月初一、秦文公四十四年等

续表

可以使用数字	不可以使用数字
表示年代、年份等时间，比如公元前 8 世纪、公元 400 年、20 世纪 80 年代、1997 年 12 月 7 日等	含有月日简称表示事件、节日和其他意义的词组，涉及具体日期时，应用间隔号"·"将表示月和日的数字隔开，并外加引号，避免歧义。例如，"一·二八"事件

④相邻的两个数字并列连用表示概数，如果口语中出现概数，则必须使用汉字，两个数字之间不得使用顿号隔开。比如二三米、三四个小时、四五天等。

⑤带有"几"字的数字表示约数，这种情况也要使用汉字。比如十几米、十几个、一百几十次、几千万之一等。

⑥用"多""余""左右""上下"等表示约数的词语，后面所带数字必须用汉字表达。例如，"该女士从出生到现在，所获奖项有一千多个"。

另外还有一种情况是，语句中既有精确数字，也有用"多""余"等表示的约数时，为表示局部体例上的一致，其约数也可以使用阿拉伯数字。例如，"其中柴油 1440 吨，钢材 3000 多吨"。

7.4　加入一个魔性的 BGM

BGM 就是背景音乐，是指在短视频中作为背景衬托的音乐，能够增强情感的表达。背景音乐选得好，则会产生"1+1＞2"的效果。举个最经典的例子，恐怖电影之所以恐怖，音乐的气氛烘托也占了大部分比例。所以，背景音乐的重要性不言而喻。那么在制作视频时，如何才能加入合适的背景音乐呢？

7.4.1　选择与短视频相符合的音乐

很多人在选择背景音乐时都有一个误区，就是认为当下最火爆、流行的音乐更能吸引人们的关注。其实他们缺少一个最基本的认知，就是音乐与视频的适配性，如果适配性不高，则只会让整个视频效果变得非常奇怪。所以只有合适的音乐才能让短视频获得超高人气，尽显高大上。在具体选择时，我们可以参考以下三个维度。

（1）时长

首先我们应该确定短视频的大概时长并选择相应的音乐，如果成片预计在1分钟左右，那么就可以寻找时长较短的音乐，如果有1分半左右的音乐那再好不过了，因为这就省去了我们裁剪音乐的时间。

（2）风格

在选择音乐之前，首先应该思考，你的短视频是什么样的风格和调性。例如，文艺类短视频选择的背景音乐一般都是小清新的风格，给人一种文艺、清新的感觉；时尚类短视频的背景音乐则偏向潮流气息的音乐，如摇滚乐、R&B、电子乐等，这些音乐自带时尚属性，能够瞬间将视频包装成时尚的弄潮儿。

（3）情绪

如果视频内容带有情绪，那么就要根据具体情绪选择背景音乐，以达到烘托气氛的效果。

例如，抖音创作者"鹿一"发布过一个短视频，在剧情中男主人公给一位男士送外卖，结果没想到开门的却是自己的女朋友，在被对方赶出房门之后，这时，男主的心情既难过又失落，还带着一丝愤怒的情绪，这时再用《我曾》这首歌曲来表达男主人公被女友抛弃的心碎情绪，因为这首歌主要讲述的是歌手悲伤的过去，整首歌体现的就是歌手的失落情感，但他同时也对未来充满希望，所以失落的歌放在失落的视频中再合适不过，最终这条视频获得了282.1万的点赞。

剪辑新手可能对于音乐的把握不是特别熟练，所以初期尽量寻找纯音乐，这类音乐不受歌词的影响，且自身所带的情感色彩并不多，包容性更强，就不会轻易出现视频与音乐不符的情况。

7.4.2 结合画面加入环境音

在后期剪辑的时候，通常我们会把原素材的音频全部舍弃来匹配背景音乐，但为了使拍摄画面更加真实、贴近生活，通常会加入一些细小的环境音。例如，微视创作者"小孤影"是一个游戏主播，他所发布的游戏视频不但会配上超燃的背景音乐，而且游戏内的"环境音"他也会加上，如"First Blood（一血）""Penta Kill（五杀）""Victory（胜利）"等。这些环境音不仅可以带动用户情绪，而且还能与画面更好地结合，使画面更加真实可信。在操作上，声音的强弱顺序应该是如图所示（见图7-3）。

人声 ＞ 背景音乐 ＞ 环境音

图 7-3 声音强弱顺序

有一些环境音会由于声音过小而无法收录声音，如喝水的声音、碰杯的声音、倒水的声音等，我们可以在拍摄完视频素材后，重新录制这些声音。当然也可以在网上搜索相应的素材，不过要确定这一声音素材是否有版权。

7.4.3 短视频配乐注意事项

在选择短视频背景音乐时，需要注意两个不容易被关注的细节。

（1）不要让背景音乐"抢戏"

不被注意的背景音乐才是最好的背景音乐，尤其当视频中有人讲话时，如果用户的注意力被音乐抢去，那么最后火的就不是视频，而是音乐。所以在寻找配乐时，如果要选择有歌词的音乐一定要谨慎，如果选得好，歌词会让视频的叙述部分激动人心，否则就会让用户分神。

（2）不要侵权

很多音乐都是受到版权保护的，所以要确保音乐的合法使用权，这是被很多创作者都忽视的也是亟待解决的问题，否则就会损坏我们建立起来的形象。那么如何确定背景音乐是否侵权呢？即使用者是否取得了著作人的允许，即使是日常视频，也要获得授权才能够使用音乐。

另外很多创作者会从一些音乐平台上付费下载音乐，但如果没有获得授权，依然属于侵权行为，因为它提供的下载、试听、会员服务都是指在平台内用户收听的行为，而不能作为商用音乐进行授权。

7.5　特效让视频效果更加炫酷

我们经常会看到一些短视频充满了炫酷的魔幻色彩，但其实这只是添加的特效而已。所谓特效，是指电脑软件制作出的现实中一般不会出现的特殊效果，如果运用得当，就可以制作出极具视觉冲击力、富有内涵的视频。

例如，"黑脸V"的视频中很多都带有超级炫酷的特效，比如有一个视频他将矿泉水倒在一块空地之后，这块地就变成了一片海，并且还有一头鲸鱼从海里一跃而出。其实不管是海滩还是鲸鱼，都是"黑脸V"制作的特效，但却给了用户很大的视觉冲击力。最终该视频获得了47.3万的点赞。那么该如何制作特效呢？

7.5.1 利用短视频平台的特效

每个短视频平台都自带大量的特效，我们以快手为例，在拍摄页面中，点击"魔法"功能，会看到一系列的特效表情以及功能。按照热门、最新、美萌、氛围、新奇等分类的特效，几乎所有特效都是免费的。

我们以"新奇"一栏中的特效为例来讲解一下具体操作。我们可以看到这一栏中的一些特效使用的都是AR技术。AR，即增强现实，是一种实时地计算摄影机影像的位置及角度并加上相应图像、视频、3D模型的技术，这种技术能够在屏幕上把虚拟世界套在现实世界并进行互动。

我们可以选择"AR汤姆猫"特效，然后将镜头转向平面物体，随即你就会发现有一个虚拟的汤姆猫在向你招手，并不断舞动着身体，非常动感（见图7–4）。

图 7–4　快手特效中的 AR 汤姆猫

当然了，除了AR道具外，在快手等系列短视频平台上还有很多火爆的道具，如飞机特效、梦幻三格、鲜花妆等，只要运用巧妙，这些特效就可以成为你上热门的秘密武器。

7.5.2 利用一切可利用的道具

其实，在让人惊艳的特效视频中，有很多特效并不是制作出来的，而是利用很多外在的道具拍摄出来的，而且这些道具都很常见，如水、塑料袋等。下面介绍几个常用的道具。

（1）塑料包装

将薄膜塑料袋或保鲜膜撕开，将其揉皱后围在镜头周边，在中间留出一个空档，就可以充当一种简单的特效滤镜，塑料薄膜覆盖的地方会产生朦胧的虚影，让人有一种梦幻般的感觉。所以这一道具通常用在做梦的场景中，使得拍摄画面更像梦中场景。不过需要注意的是，在使用这一道具拍摄画面时，需要开大光圈，这样才能虚化前景。

另外，将薄膜塑料袋或保鲜膜展开平铺在镜头前，则可以创造出全局的柔焦效果。

（2）LED灯

一个小小的 LED 灯放在镜头边，就可以帮我们拍摄出不少特效镜头。由于 LED灯基本都是单色的，你可以搭配滤色片使用，来获取更多种类的灯光颜色。

例如，LED 蓝色水波纹灯可以帮助我们拍摄出唯美的海底画面，不过这样的画面要独自完成会比较困难，需要有一个人帮你举着LED蓝色水波纹灯，投射到大面积白色的墙面上，另外一只手举着手电筒来照亮人物的脸部或者想要突出的部分，这样做的目的是给相机一个对焦的最亮部位。在拍摄时，人物最好穿着白色、飘逸质感的服装，并做出游弋的动作。

（3）水面

水面在特效视频中的运用可以说是极为常见的。生活中，我们经常看到一些路边水洼，很多人不会特别注意。实际上在短视频达人的眼中，这些水洼或者水面是特别好的拍摄道具。那么该如何拍摄这样的画面呢？

首先，前景得有水，多少都没关系只要可以反光就行；其次，可配合周边环境，虚实结合，让短视频显得更加立体。另外，如果在视频中融入一些人物或动物，会让你的视频更加点睛。当然，这个具体要看你当时的创作灵感，一切从实际出发。

（4）环境元素

在拍摄短视频时，你可以选取身边的一些自然元素，比如一株小花就可以用来充当前景特效，你只要把它放在镜头前，调整合适的位置，开大光圈，就可以了。

7.5.3 利用视频拼接制作特效

除了道具特效之外，我们还可以只利用"剪辑工具"就可以制作出特效，比如短视频常见的从一个地方瞬间转移到另一个地方；桌子上从什么都没有到出现一桌美食等，这些都可以利用视频拼接来制作。

我们以"桌子上的苹果从无到有"的画面为例讲解如何通过视频拼接来制作特效。首先我们需要将镜头对准一个没有任何物体的桌子，拍摄1~2秒的视频，然后再将苹果放到刚才镜头对准的位置，最后再将镜头对准同一位置，这时候桌面上已经摆出一个苹果了，再拍摄1~2秒的视频。

这时我们就拥有两个视频素材了，将它们全部导入剪辑软件中，进行拼接剪辑即可，如果再在苹果出现的时候添加一些特效音，更能给用户强烈的代入感。

7.6 转场让镜头与镜头之间实现无缝衔接

"转场"可以让不同的视频素材实现无缝衔接，使得最终呈现出来的视频内容更加流畅平滑，特别是在一些前期拍摄素材不匹配的情况下，转场效果能让视频过渡平滑而不显得突兀。转场就好似文章中的标点符号，一个正确的转场能起到巧妙连接场景、催化故事的作用。否则将适得其反。

那么如何转场才能无缝衔接呢？一般来讲，转场的方法多种多样，但通常只分为以下两类。

7.6.1 技巧转场

所谓技巧转场，是指用特技手段作转场，大多数剪辑软件上都会带有这些转场效果，我们只要选择添加即可。常用的转场效果有以下几种。

（1）叠化转场

叠化效果是一种常用的视频转场效果，是指上、下两个镜头的画面相互叠加，随之上一个镜头逐渐隐去，下一个镜头逐渐清晰的过程。叠化转场有四个用途（见图7-5）。快速叠化可以迅速将观众带入下一个场景，而慢速叠化可以带给观众强烈的时间流逝感。

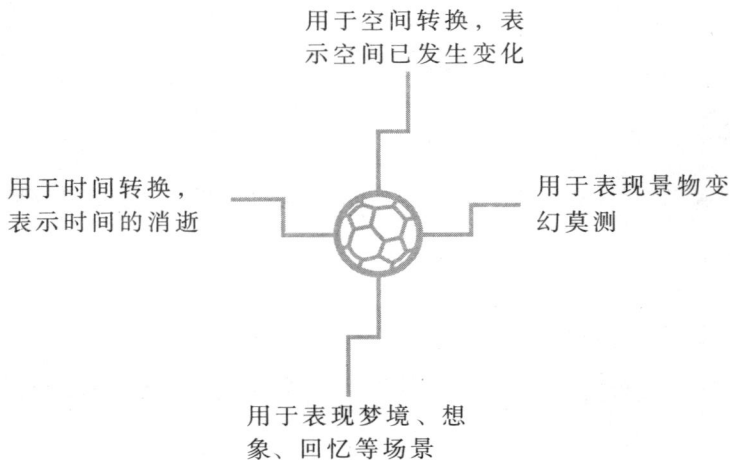

图 7-5 叠化转换的四大用途

（2）淡入淡出

淡入淡出效果是从叠化演变而来的，它是指上一个镜头的画面由明转暗直至黑场，下一个镜头的画面由暗转明，逐渐显现直至正常的亮度。这两种效果大多用在开篇和结尾处，淡入是为即将到来的剧情做准备，淡出则是为了给用户一种间歇感，继而吸收上一个镜头所展现的信息或者情感。淡入淡出画面的长度一般为2秒。但在实际编辑时，应该根据视频的情节、情绪、节奏来决定。

（3）划像转场

划像转场是指两个镜头之间的渐变过渡，分为划出和划入。划出是指上一镜头从某一方向退出屏幕，划入是指下一镜头从某一方向进入屏幕。

在过渡的过程中，视频画面被某种形状的分界线分隔，分界线一侧是画面A，另一侧是画面B，随着分界线的移动，画面B会逐渐取代画面A。

当然划出和划入的形式多种多样，根据画面进、出屏幕的方向不同，可分为横划、竖划、对角线划等。如果想要这一转场镜头更加炫酷，就可以用上一个画面中的运动元素以擦拭的方式来逐渐替换当前的画面。而要做到这一点需要前期拍摄的配合，拍摄时从前景物体移出，后期前景物体做遮罩。比如一个正在跑步的人从前景跑过后，后景就跟随切换至下一场景。

（4）白化、黑屏

这两种转场效果是可以用剪辑的方式制作出来的。

白化常常伴随着剧情中的亮光、闪光灯、雾气等元素之后使用，通过画面中的强光扩散至整个画面再慢慢带入下一画面，通常用来表现剧情的闪回、回忆、死亡等过程。

黑屏则是镜头直接切近黑场，它是一种突然和有效的剪辑方法，没有淡入淡出等转场过程，通常在连续、快速的运动镜头中连续插入黑屏，以调动用户情绪并对接下来的情节充满期待。

7.6.2 无技巧转场

无技巧转场是用镜头的自然过渡来连接上下两个内容,主要强调的是视觉的连续性。适用于蒙太奇段落之间的转换和镜头之间的转换。运用无技巧转场方法需要寻找合理的转换因素和适当的造型因素。这一类型的转场方法主要分为以下几种。

(1)相似转场

即上下两个镜头主体相同或者相似,使得视觉上更加连续,转场更加顺畅。它主要分为以下三种情况。

第一种:上下两个相接镜头中的主体相同,通过主体的运动、出画入画,或者是相机跟随主体移动,从一个场景进入另一个场景,以完成空间的转换。

第二种:上下两个镜头之间的主体是同一类物体,但并不是同一个。例如,上一个镜头是一架飞机,下一个镜头则换成了飞机模型,将两个镜头相接,则可以实现时间或者空间的转换,也可以同时实现时空的转换。

第三种:上下两个镜头之间的主体在外形上相似,比如上一个镜头是汽车,下一个镜头便是甲壳虫。

(2)遮挡镜头转场

遮挡镜头转场是指在上一个镜头接近结束时,被拍摄主体挪近以遮挡相机形成黑画面,下一个画面主体又从摄像机镜头前走开,以实现场合的转换。上下两个相接镜头的主体可以相同,也可以不同。利用这种方式转场不但可以造成视觉上的悬念,同时也使画面的节奏更加紧凑。

(3)空镜头转场

空镜头是指以景物为主,没有任务的镜头,如田野、天空、飞驰而过的火车等,主要用来刻画人物心理,渲染气氛。为情绪抒发提供空间。另外也会为了叙事的需要，表现时间、地点、季节的变化等。

7.7　用片头烙上你的个性

短视频的关键在于"短"，所以很多人认为加入片头不但会浪费用户时间，而且还会影响视频的完播率。其实不然，一个好的片头能在第一时间抓住用户眼球，吸引用户了解后续内容。甚至能够激发用户观看和传播视频的热情。所以说一个好的片头可以起到画龙点睛的作用。不过千万不要为了炫酷效果而强行制作一些无实质内容的片头，这样只会适得其反。一个好的片头需要符合以下要求。

7.7.1　要加入个人风格

在制作片头时，加入一些个人风格会更加吸睛，而且还会让用户更容易记住你的形象。那么如何加入个人风格呢？其实这是根据自己的人设而定的，如果人设被定为"搞笑怪咖"，片头所加入的个人风格元素也应与"搞笑""幽默""鬼畜""怪诞"等有关。

短视频创作者"无聊的开箱"的片头风格实际上就极具个人特色，他的人设是"无聊"，所以他们便以最普通的"拆快递"视频画面为片头，作为开箱体验的前奏。这里还有一个小细节，就是他每次开箱的时候都很粗暴，有时候甚至还用上了电锯，于是他便把这一元素用在了片头中，与"无聊"人设形成了极大反差，但正是由于这种反差，给片头增加了极强的趣味性。

7.7.2　要显示标志性信息

标志，在现代汉语词典的解释是表明特征的记号，它具有表达意义、情感和指令行动的作用。所以在短视频中要显示关键的标志性信息。它可以是头像、昵称，也可以是我们的IP形象，只要能给用户留下深刻的印象，并记住我们就成功了。

短视频创作者"厨娘物语c小鹿哟"的片头所显示的标志性信息就是昵称的前四个字"厨娘物语"，它不但能够强化用户对于该账号的记忆，而且时间一长，这四个字还会深深地印刻在用户心中。当然在片头中加入头像、简介、IP形象等信息，和昵称起到的作用是一样的。

不过需要注意的是，片头的字体要与内容调性保持一致，比如黑体给人比较正式、冷酷的感觉，适合专业性较强的视频内容；幼圆给人可爱憨厚的感觉，适合活泼搞笑的视频内容。

7.7.3 要加入导流转化点

导流转化点的设置是实现商业变现必不可少的操作，不过大多数短视频创作者都会将其设置在片尾中，以吸引用户关注。导流转化点通常一闪而过，对内容影响甚微，不会引起用户的反感。例如，我们想将用户导流到微信中，可以在短视频片尾加入"更多精彩内容欢迎在微信中搜索订阅×××"，或者直接附上一个二维码，让用户扫码关注。

另外，如果我们近期要筹办一个活动，也可以将其展示在片尾中，特别是抽奖活动，当活动完成时，在片尾公布中奖名单，有助于刺激用户增长。

不过需要注意的是，片尾要比片头短，正常情况下，片头的长度在3~5秒钟，那么片尾就要设置在1~2秒钟，否则时间太长会影响完播率。如果片头和片尾相呼应，视频整体感会更强。例如使用同样的色调、字体等。

8 直播入口：

短视频中的高级功能玩法

很多人认为，直播并不是一个理想的流量入口，在这个信息碎片化时代，人们不可能花费两三个小时的时间只关注一件事物。其实不然。由于短视频生来就有延迟性，用户查看短视频时并不能与主播产生很好的互动，主播也没办法获得及时反馈，这时候就是直播派上用场的时候了。

8.1　各大平台的入驻条件

现在，短视频里夹杂着"直播业务"的情况越来越多，它很好地弥补了短视频主播的信息维度，毕竟短视频只能抢夺用户最多几分钟的注意力。但直播却可以凭借着自身优势（见图 8-1）增加用户与主播之间的黏性。另外我们也可以通过直播拓展事业，比如现在比较火爆的模式"直播卖货"。

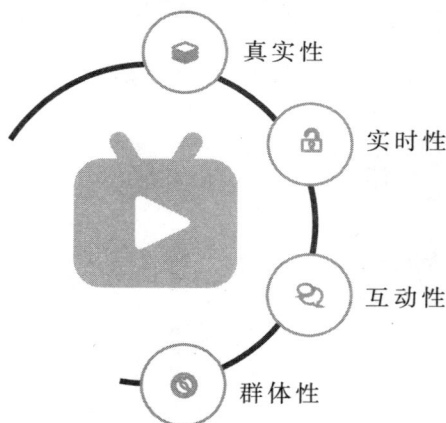

真实性
实时性
互动性
群体性

图 8-1　直播的四大优势

而要想玩转直播功能，首先要熟悉各大平台开通直播的条件。下面我们以几个火热的短视频平台为例，看一下如何入驻直播。

8.1.1 抖音入驻条件

抖音开通直播没有任何粉丝量与播放量的限制，但必须完成实名认证和绑定手机号，之后便可以直接开通直播。

首先，打开抖音短视频，进入主界面，点击底部的"+"号。

其次，进入拍摄页面后，将页面下方的拍摄模式切换至"开直播"（见图8-2），其中分为视频直播、电脑直播、语音直播。只要点击我们想要使用的模式即可。

最后，在开通直播前，我们应该先在直播页面设置封面、标题、话题等。

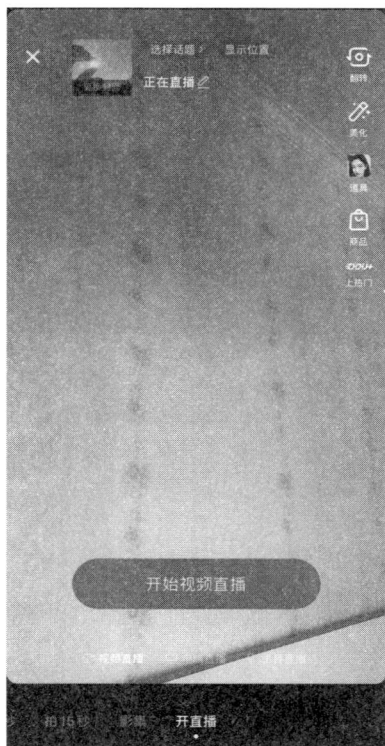

图8-2 抖音短视频的直播页面

而要开通"电脑直播"需要通过申请权限，权限内容为选择所直播的领域，如"娱乐""游戏"等。通过申请后，我们需要在电脑端安装"OBS直播软件"或者抖音直播伴侣，在开播时，如果是游戏直播还需要安装投屏助手。开播时复制此次的推流地址，打开电脑端的直播软件，输入推流地址即可。每次开播时都需要重新输入新的推流地址。

另外，要想在抖音上直播卖货，对于账号的要求就比较高了。

①个人主页视频数 ≥ 10 条；

②账号粉丝量 ≥ 1000。

达成这两项要求时，便可以开通商品橱窗功能，在直播中卖货了。

8.1.2　快手入驻条件

和抖音一样，开通快手直播同样没有粉丝量和播放量的限制。不过在这之前需要完成以下五项操作。

①年满18周岁：在快手上未满足18周岁的未成年人是不允许开通直播的，而且观看直播的时长也会受到限制；

②实名认证：在快手上进行实名认证并不是简单地输入身份证号和姓名就可以，它需要用户上传身份证号的正反面以及一张手持身份证正面的照片；

③绑定手机号；

④当前账号状态良好；

⑤作品违规率在要求范围内。

当满足以上条件后，就可以开通直播了。直播间中有一个"购物车"功能，只有解锁这一功能才能直播卖货。它需要我们开通"快手小店"：打开快手主页，点击左上角"三"，打开"小店订单"，点击"我要开店"填写资料并缴纳500元保证金，小店开通后便可以自动解锁购物车权限，这时我们便可以添加产品信息，用户可以通过"去看看"进入第三方电商平台，完成购买转化。

8.1.3 西瓜入驻条件

西瓜视频开通直播的条件很简单，只要完成实名认证就可以，它需要创作者上传身份证正反面。开通直播后，打开西瓜视频，找到"我的"页面里的"开直播"功能，点击进去后选择直播模式（见图8-3），即可进行直播。

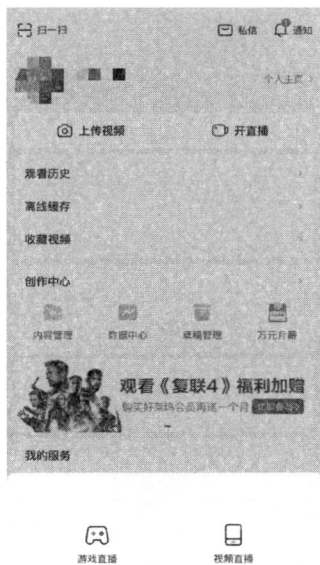

图 8-3　西瓜视频直播模式

如果要开通卖货功能，需要符合以下七点要求。

①近4周，周开播次数大于2次，周开播有效天数大于1天。

②近4周，平均每次开播时间不小于2小时。

③近4周，没有严重违规行为。

④直播间互动情况良好，有带货能力。

⑤头条号优质领域内容创作者。

⑥在头条开通值点店铺且有在售商品。

⑦值点店铺的"用户口碑、服务态度、发货速度"三项指标平均值高于均值。

8.1.4 美拍入驻条件

开通美拍直播很简单，只要完成实名认证就可以。在直播时，先点击首页最上端的"直播"选项，拍摄按钮会从"摄像机"图形变成"LIVE"图形，这时点击就可以进入直播页面，设置标题、封面、标签就可以直播了。

另外，如果想在直播中卖货，需要先开启"边看边买"功能，要求为得到美拍官方加 V 认证，视频数 ≥ 10 条。然后在"我"页面找到"美拍大学"，进入之后下划找到"变现通道"中的"报备入口"填写第三方店铺链接，如淘宝店铺，进行店铺报备。这样就能在直播中卖货了。

8.2 直播间装饰要符合自身定位

当用户"走"进你的直播间时，直播间的整体搭建决定了他们的第一观感。灯光布置、背景布置、室内家具，甚至玩偶摆放都是有一定要求的，它需要符合自身定位，否则便会对直播间产生三大影响（见图 8-4）。那么如何快速、低成本地搭建自己的直播间？它需要我们注重以下几点，每一点都会影响直播的效果。

影响用户的停留时长　　影响直播间的流量　　影响直播的产出

图 8-4　不符合定位对直播间的三大影响

8.2.1　搭建好直播场地和背景

在搭建直播间之前，首先要选好场地和确定背景，它们相当于整个直播间的基调，只有基调定好了，才能够根据自己的定位装饰直播间。

一个优秀的直播间的标准是饱满而不拥挤。要做到既能让用户感受到直播间的丰富和视觉上的舒适，又不至于太过拥挤。它既可以是办公室、家里的房间，又可以是店铺的隔间等，不过需要注意的是直播间的周边必须没有噪声干扰。场地的大小根据直播内容调整，大致控制在5~15平方米即可，如果是美妆、音乐类的直播，5平方米即可；如果是穿搭、美食类的直播，要选择20平方米以上场地。

场地的大小决定主播走位的设计，也就是主播活动的区域和路线，这个部分的设计一般服装类和健身运动类的直播间用到的比较多，比如在直播中教大家一个深蹲，那么一定要保证在蹲下的时候不出镜，否则会影响观感，因此提前设计好主播的走位，直播时的画面才不会出错。

选择好场地后，要对直播间的背景进行设计，可以是窗帘或者墙纸，整体建议使用浅色系，如浅蓝色、浅灰色、浅棕色等。千万不要使用白色的墙作背景，因为白色在灯光的作用下会反光，不但会使镜头模糊，而且单调的背景会给用户带来不好的视觉体验。

当然，如果是室外直播就不用考虑背景的事情了，但需要注意尽量选择一些安静的环境直播，过于吵闹只会让用户离开直播间。

8.2.2　根据主播特点定风格

每个主播都有自己的特点，根据自身最突出的特点去填充直播间，形成独特的风格，可以让用户对我们的认知更进一步。但很多主播却总是因为个人喜好随意改变直播间风格，当然如果我们在用户心中已经烙下"印章"，那无可厚非。如果还没有，则需要主播先以一种为主，切忌变来变去，飘忽不定。

例如走可爱风的主播，在装饰直播间时，可以放置一些玩偶之类的物件，在造型装扮上也可以选择戴一些配饰彰显自己的可爱。当然装饰是可以随时改变的，只要能体现出自己的特点就可以。

另外直播中的光线也是很重要的一步，首先需要我们明确色温的概念，不同色温的光源照在物体上，会产生一些视觉上的差别。色温较低，光源颜色偏红，属于暖色光，它看上去温馨、舒适，但时间一长就会让用户产生困意，如果以人为主的直播间尽量不要用太暖的颜色；色温较高，颜色会偏蓝，属于冷色光，在冷色光下的物体比较亮，细节明显，例如人的皮肤状态；还有一种在高色温和低色温中间，最接近自然光，也最能体现物体真实的样子，如无特殊要求可以选用该光线，如果有特殊要求，可以根据直播内容调整。

8.2.3 根据产品特点定风格

如果在直播中分享、推荐产品，那么直播间的装修风格要贴合产品风格，只有这样，用户的更多注意力才会放在产品上，产品的转化率才会提高。例如，我们推荐是古风服装，那么直播间就可以设置为古香古色的格调，如陈设古琴、挂置书画，甚至宫扇等都可以体现出古风服装的特点。

如果推荐产品过多，则可以考虑在直播间放置一个产品陈列架。一些直播间的陈列架是在镜头之外，当主播需要展示产品时，可能需要走出镜头，会在一定程度上影响观感。所以如果直播间不是特别小的话，建议把档期直播的产品全部摆放在镜头内，比如服装类直播间摆放一个衣架，美食类直播间摆放一个专门放置食物的餐桌，美妆类直播间摆放一个化妆柜，等等。

选择陈列架一般有两个标准（见图8-5）。在摆放产品时需要注意，大规格产品不要离镜头太近，最好放在主播的身体两侧，这样既不会挡住主播，也不会影响用户了解产品。对于部分有线下门店的卖家来说，可以直接在店内直播，不过要保证直播间的整洁，过于杂乱会给用户一种不专业的感觉，而且用户对于主播的信任度也会就此降低。

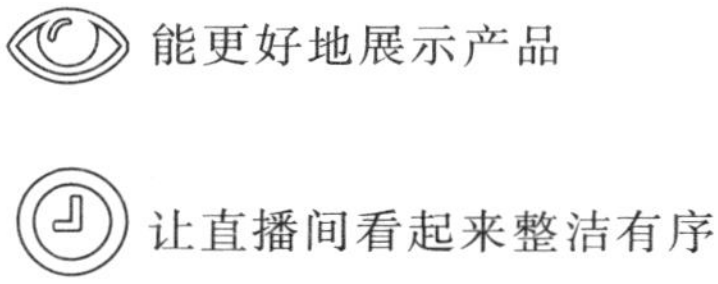

👁 能更好地展示产品

🕐 让直播间看起来整洁有序

图 8-5　选择陈列架的标准

8.3　发布一个引人注目的直播预告

在直播时，大家经常会面临的问题就是流量从哪儿来，尤其是一些小号、新号。比较基础的方式是采买官方流量推广，比如抖音的直播DOU+流量助推。但还有一个更节省成本的办法就是发布一个引人注目的直播预告，当用户对你的预告产生兴趣后，便会准时出现在你的直播间。那么该如何做好直播预热呢？我们可以从以下两点着手准备。

8.3.1　预告要显现内容亮点

预告首先要引发兴趣点，让更多的人看到并且点赞和关注你。如何引发？就是将直播中的亮点提炼出来吸引用户关注。我们可以从以下四个维度来思考。

（1）抓住用户的"痛点"

现在很多人看直播不只是为了打发时间，而是在你的直播中得到什么。那么在直播预告文案中，就可以瞄准用户的痛点，并提出解决办法，展现直播价值。找痛点不能凭空想象，要建立在切实了解用户的基础上，把自己当成用户来体验你的直播是一个不错的途径，只有这样才能切实提出问题，发现痛点。

另外，如果直播中有抽奖、促销等活动，也可以将其当作"痛点"，放在预告文案中。

（2）搭建场景

当我们提炼出痛点后，那么在预告文案中就可以围绕"痛点"搭建直播场景，让用户通过预告，联想自身的实际情况，更好地代入直播。

（3）设置悬念

在预告中，我们可以留有一定悬念，勾起用户的好奇心。如果将全部事情都讲出来，反而容易让用户失去兴趣。

例如，我们所涉及的领域是"情感类"，直播内容是解答用户在生活中遇到的，关于友情、爱情的问题，所提炼出的痛点是很多已婚女士都在关注的问题："在感情中，为什么付出越多的人就越不被重视？"那么我们便可以搭建这样一个场景：一位男士的妻子，每天早上六点准备早餐，七点准时叫老公起床吃早餐，每天晚上回来，连休息的时间都没有，就开始为老公做饭，就为了让他回家的时候能吃上饭。可是老公却不领情，认为她这么做是理所当然的。为了解开这个疑问，我们要引入一个心理学概念，一个是"边际报酬递减效应"，它是什么意思呢？请在 × 月 × 日 × 时，来到 × × 平台 × × 的直播间，让我来为你答疑解惑。

最后需要注意的是，要在预告中向大家展现直播的时间、平台，否则用户对你的直播感兴趣，却不知道什么时候在哪儿看你的直播，那相当于无用功。如果能保证每天直播频率，那么便可以在个人简介中加入这一信息，如"每天21：00直播"。也可以在直播间预告，告诉用户下一次直播的时间和内容。

8.3.2 预告要多渠道推广

大家在做推广时，宣传途径可能仅限于微信朋友圈、微信群、微博等，但这些都是远远不够的，我们要有全网布局的概念，多渠道推广。以下是五种不同的推广渠道。

（1）资讯客户端渠道

资讯客户端渠道大多通过平台的推荐算法来分配流量。像今日头条、天天快报、一点资讯、网易新闻客户端、UC浏览器等都是用这种推荐算法机制将视频或者文章打上多个标签并推荐给相应的用户群体的。

（2）社交平台渠道

社交平台主要有微信、微博、QQ三大类，社交平台是人们社交的工具，方便结识更多相同兴趣的人。社交渠道是各路人马的必争之地，当然社交渠道的重要性也不只是传播，它更是一个基地，是用户在互联网上找到你的一种方式，是你连接用户、连接广告主、连接商务合作的通道。

（3）垂直类渠道

选择垂直类渠道做推广，就像是做内容选择垂直类领域一样，不但有助于自身成长，而且可以帮助我们获得更多精准度高的用户。例如，我们的直播内容是美妆领域，那么我们就可以在小红书平台发布预告；如果我们的直播内容是旅游领域，那么我们便可以在马蜂窝发布预告。

（4）在线视频渠道

在线视频渠道是拥有推荐位的渠道。通常是得编辑者得天下，因为在这类渠道，流量主要通过搜索和小编推荐来获得。比如搜狐视频、优酷视频、爱奇艺等。在这些平台发布直播预告，需要注重当下用户的需求和爱好，针对用户的需求来制作短视频可以让我们的视频获得更多推荐。

8.4　与用户聊天也有"套路"

与短视频不同，直播最主要的是互动，简单来讲就是以聊天的方式传递信息，也许一句话可以为你招来很多关注，也许一句话会使你失去很多粉丝。这证明做直播很考验主播的情商，所以掌握聊天技巧是非常重要的，它能够帮助主播加深对于用户的了解，继而带动用户有一直沟通下去的欲望。那么聊天中的"套路"都有哪些呢？它包括以下四点。

8.4.1　主播必备基础话术

经常观看直播的人应该都会发现，当我们进到直播间或者给主播送礼物的时候，通常都会听到同样的话语，如"欢迎××来到直播间""谢谢××的礼物"等，其实这些都是主播需要掌握的必备基础话术，它分为以下几种。

（1）欢迎话术

理论上来讲每个进入直播间的人主播都要欢迎，基础话术为"欢迎××进入直播间"，但这样的话用户早就屏蔽了，主播需要针对不同情况做出改变：对于新用户可以传达直播内容，比如"欢迎××来到我的直播间，本直播间将为你带来××（直播内容）"；对于经常来直播间的用户可以表达自己的感动，比如"欢迎××来到直播间，每场直播都能看到你，我真的太感动了"。

（2）宣传话术

在直播中可以时常给自己打打广告，而且还要告诉用户这个"广告"

能带给用户什么，这不但能吸引用户关注，而且还会让他们认识到主播能带给他们的价值。

例如，"开通这个直播主要是为大家讲述关于如何制作PPT的，一次直播一个难度为3颗星以上的知识点，教到大家学会为止，我是要收作业的哟！喜欢我的宝宝们点个关注吧"。这句话不但能让用户知道主播是做什么的，而且还传递出主播所带来的价值"教会用户制作PPT的技巧"。

（3）感谢话术

主播收到礼物是需要感谢的，同时也可以搭配一些自己收到礼物的情绪。例如，"谢谢××的礼物，这是我今天收到的第一份礼物，太开心了！"

如果一直没有收到礼物，可以通过表明自己为大家准备直播多辛苦的引导话术来表明自己"直播不易"，继而让用户刷礼物，不过"辛苦准备"要确有其事，决不能胡编乱造。例如，"主播为了这次直播能给你们最精彩的一面，前前后后准备了一个星期，最难的还是直播中要给你们讲什么，就光这一点头疼了我整整三天。还有其他场地、宣传等"。

（4）下播话术

当直播进行到终点的时候，首先需要表明还有××分钟下播，并且感谢一直陪伴我们的人，最好是念出他们的昵称；然后表明自己下一次直播的时间和内容，给用户一个期待；最后做个简单的总结，如新增/减少用户多少个等。

8.4.2　倾听也是一种语言

大多数刚开始直播的新人主播都有一个通病，就是喜欢滔滔不绝地讲个不停，很少给用户说话的机会。但这样的后果就是用户纷纷离场，随着用户的逐渐减少，到后期平台分配给直播的推荐量也会变少。所以，在互动的过程中要给对方谈话的机会，并学会"倾听"他们，是非常重要的事情。

例如，我们可以在直播中向用户询问"这个话题大家是不是不太感兴趣，看你们都没有人说话"，如果用户不感兴趣，需要切换到下一话题；或者"对于这件事情，大家有什么意见"，然后从评论中挑选出与自己意见相同或者用户赞同数最多的意见进行讨论等。

另外如果用户有疑问，我们也要第一时间作答。这些"倾听"的举动会增加用户对我们的好感，让很多来到直播间的"游客"变"粉丝"。

8.4.3　用肢体语言加深印象

现实中的交流沟通，有55%的信息都是通过肢体语言完成的，在直播时，肢体语言也同样重要。它主要分为两种动作（见图8-6）。

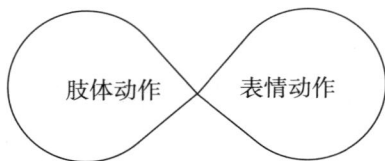

图 8-6　表达肢体语言的两种动作

很多人在直播间都没有意识到的一点就是：表情动作不丰富，甚至在说话的时候面无表情。这会败坏自己的很多路人缘。所以，在私下里我们要对着镜子训练自己的表情动作，比如对着镜子微笑，做到既不做作也不僵硬。千万不要不屑于这些表情上的细节，它们可以让用户受到感官刺激，感受到你的热情，并且会被你的热情带动得情绪高涨，更容易对你产生好感。

对于肢体动作，我们可以在表示感谢时使用心形手势；在讲到重点时挥动双手强调论点等。

8.4.4　通过交谈寻找共同点

要想迅速与陌生人搭上话，打破社交聊天中的尴尬局面，最重要的就是找到双方的共同点，这样可以给用户留下好印象。那么如何寻找共同点呢？就是关键字联想法，通过对方给出的有限的内容，找到关键字来展开新的话题。第一个关键字可以从对方昵称或者第一句话获得。

例如，某个人进入你的直播间，你认为他的昵称很特别，便可以说："哎，你的名字很特别啊，为什么要叫这个名字？"当他说出原因的时候，你可以顺着这个话题慢慢延伸到其他话题，由此建立起双方的浅层联系感。如果想让自己与用户的联系感变得更深，可以适当与用户交心，比如谈谈自己的生活理想或者职场压力，这些生活、职场上的共同点，会使双方的关系更近一步。

8.5　直播间的各种"事故"如何应对

由于直播的实时性，所以直播中经常会出现一些不可预测的突发事件，如果处理不好，就会成为"事故"，而网络会把它们放大，降低主播在人们心中的好感度。所以说，这些突发事件最考验主播随机应变和处理问题的能力，那么该如何应对这些突发事件呢？

8.5.1　用幽默缓解冷场

幽默是一种举重若轻的力量，它代表着一种巧妙的沟通方式，却拥有四两拨千斤的力量。正如美国一位心理学家所说的："幽默是一种最有趣、最有感染力且最具普遍意义的传递艺术。"幽默的语言，能够使交流的气氛轻松、融洽。所以说用幽默化解让人尴尬的冷场氛围是再好不过的方法了。

它需要我们做到以下两点。

幽默的第一步是学会自嘲，懂得幽自己一默而不是自我吹嘘，反而会博君一笑。因为它是从平凡的、趣味的、不甚完美的角度来观看自己，让别人有喘一口气的机会，也让自己更接地气。例如，聊到一个用户不太熟悉的话题时，评论区一个留言都没有，大家就可以说："我知道我不太会找话题，但是我没想到这么不会找话题，关于这个话题，大家就没点意见要发表吗？要不显得我没粉丝似的，说出去多丢人！"然后配上相关的表情，就可以重新把气氛点燃。

第二步是要提高观察事物的能力，只有捕捉事物的本质，以恰当的比喻、诙谐的语言，才能让人产生轻松的感觉。

不过需要注意的是，幽默不是把别人当笑话，这样会让人有被冒犯的感觉。而且适可而止的幽默是最好的，一直搞笑的话，大家只会当你是小丑，而不是化解冷场的幽默大师。

8.5.2　用理性对待争吵

直播少不了与用户之间的互动，而只要互动就少不了口角之争。当用户因为观点相左而产生争执甚至言语上的攻击时，我们应该采取理性的态度面对此事。

首先我们应该避免指责对方，争吵一旦沦为互相指责控诉，沟通之门便会从此关闭，对两人关系也会产生莫大的伤害。当起争执时，不要只要求对方道歉认错，自己也要反省，比如"刚刚是我的言论有些过激吗，如果有冒犯到你，非常抱歉"。如果依然无法和解，至少可以找出自己犯错的地方，改变自己的态度，在不让争执恶化下去的同时，也能够给自己一个警醒。

其次是当听到言语攻击时，语言要慎重，要对自己的感觉负责。如果实在是控制不住想要表达，可以利用合理述情的方式，即在不伤害对方的前提下表达感觉，如"刚刚听到你的话让我有点难受"。

最后，控制自己的负面情绪，一个最简单的方法就是记录自己的情绪（见表8-1），并分辨出哪些是负面情绪，哪些是正面情绪，长期对比后就能感知自己的情绪，然后在直播中尽量不产生令人不悦的负面情绪，时间久了，我们就会像条件反射一样，自动控制负面情绪。

表 8-1 情绪记录表

时间	事件	情绪	结果
星期一			
星期二			
星期三			
……			

8.5.3 用专业回答问题

当用户询问与我们直播中所讲述内容相关的问题时，我们的回答应该具有很强的专业性，否则用户会对我们产生质疑。例如我们在直播中推销摩托车，用户询问我们关于摩托车性能的问题。如果我们只回答"性能不错，挺好的"，会使答案略显苍白。专业的回答应该是从摩托车自身的配置入手，以此作为论据，来论证"性能好"这个论点。而这就需要我们在直播前查看大量相关资料，否则是做不到这么专业的。

另外在与用户沟通的过程中，要注意讲话的逻辑性，否则即使拥有正确答案，杂乱无章的讲述也会让用户一头雾水。这主要是由于我们没有把思路串联起来，当思路和脉络变得清晰时，传递给用户的信息就不会毫无逻辑可言了。要改变这样的情况，我们可以利用金字塔原理（见图8-7），我们可以按照以下三个步骤有逻辑地表达。

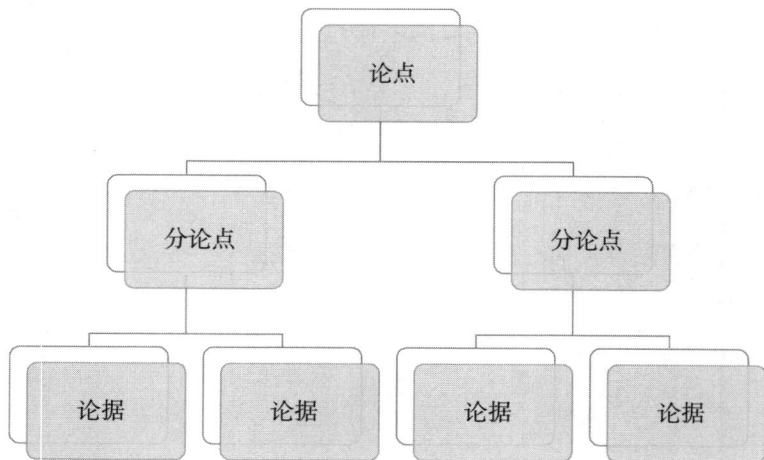

图 8-7　金字塔原理

结论先行，即我们要表达的主体思路，也就是最后的答案。依然以摩托车的性能为例，在回答这一问题时，我们可以先说"这款摩托车性能很好"。

归类分组，即将我们要表达的"结论"分成不重复的3类（最多不要超过7类）。例如，"为什么说它性能好，我会从三个角度来说明，一个是发动机，一个是××，一个是××"。

解释说明，将我们的结论——说明，不要表达无用信息。比如"我们先来看发动机的功能……"

8.6　不要被用户打乱你的节奏

很多新人主播应该都会有这样的经历，一场直播已经结束了，可是想要讲的内容却没有讲完。而这样的问题大多出现在与用户互动的环节，不管什么问题我们都会回答，最后导致在与用户互动的环节中浪费过多时间，打乱了本应顺畅的节奏。那么我们该如何掌握主动权和控制权，不被用户打乱直播中的节奏呢？我们需要从以下两点入手解决。

8.6.1 准备直播脚本提前规划流程

脚本最开始是编程中的概念，是使用一种特定的描述性语言，依据一定格式编写的可执行文件。在直播中的作用是让我们的直播，按照预想的方向有序进行，它有四个作用（见图8-8）。

掌握直播主动权

减少突发情况

规范直播流程

直播效益最大化

图 8-8　直播脚本的作用

直播脚本的编写其实很简单，它就是一个让主播明白什么时候该做什么事的一个工具，比如我们做一个两小时的直播。在刚开始的1~5分钟，我们需要进行一个直播间的预热，说明直播的主题和流程；之后是按照顺序入正轨等。我们可以通过表格的形式来串联这些时间点以及内容，而且必须完整到可以对主播每一分钟的动作行为做出指导，因为直播现场的时间节奏是很难把控的，尤其是大流量到来的时候，主播很容易被评论带跑。但如果主播清楚自己每一分钟的动作，就不会出现这样的情况。接下来我们以直播卖货的脚本为例来看一下具体的直播脚本该如何编写，我们预定该场直播时间为2小时（见表8-2）

直播是动态的过程，尤其是大型直播会场，涉及人员的配合、场景的切换和道具的展示，前期在脚本上做好标注，一方面方便直播的筹备，另一方面现场配合也会更默契。当然这些脚本是根据具体情况来编写的。

表 8-2　直播卖货脚本

直播流程脚本

时间	细分时间	主题	直播内容	助手	道具	注意事项
7:00	1 分钟	开场	签到环节，和最先来的粉丝互动	无	无	时间要短
	2~5 分钟	预告	边互动边安利直播中的亮点	无	无	无
7:05	10 分钟	剧透	将今天的直播内容走马观花过一遍，不做过多停留，整个过程不看评论，不与粉丝互动，按照自己的节奏来	无	无	注意不要与粉丝互动
7:15	2 分钟	产品 1	产品介绍	无	产品 1	无
	6 分钟	引导转化	卖点 + 利益点 + 使用效果	无	无	无
	2 分钟	互动	有问题回答问题，没问题过	无	无	无
7:25	2 分钟	产品 2	同产品一		产品 2	
	6 分钟	引导转化	同产品一			
	2 分钟	互动	同产品一			
……	……	……	……			
8:30	20 分钟	返场演绎	将呼声最高的产品返场，针对用户有疑问的地方讲解			
8:50	10 分钟	下播预告	强调关注主播以及下播话术			

8.6.2　回答与直播主题相关的问题

当直播间的流量越来越多时，就会遇到另一个问题，就是给我们评论的用户也变多了，这时我们需要回答所有用户的问题吗？其实不必，我们只要挑选出与直播主题相关并且具有代表性的问题即可。其他问题我们可以交给直播间的管理员来回答。

不过需要注意的是，在互动过程中警惕有其他主播在直播间发广告或者刷屏带节奏等行为，这类行为不仅会影响观感，如果持续存在不对其进行清理，非常容易产生用户流失的情况，对长期发展也会产生不利影响。所以我们可以给予警告或者单独禁麦。

8.7　活跃用户的互动小技巧

许多新手主播都会遇到"缺少互动"的问题，大多数人将这一问题归因于性格不够外向。其实主要原因是因为没有掌握直播间的互动技巧。这就像是做数学题，虽然题型不同，但公式都是一样的，只要我们灵活运用，时间一长，我们就可以自由发挥。那么活跃用户的互动技巧都有什么呢？

8.7.1　培养自己的"粉丝团"

每个主播都有自己的"粉丝团"，他们的作用是在你的每一场直播中活跃气氛，产生频繁的互动。那么如何找到属于自己的"粉丝"呢？

首先，高级号玩家一般都有自己固定的主播，他们可能不是成为"粉丝"的首选，我们应该多挖掘一些小号，和他们多沟通，争取把他们培养成粉丝，甚至打造为铁杆粉丝。

其次，当这些小号在直播间停留足够长的时间，尤其是有人给我们刷礼物时，可以邀请他们做直播间的管理员，这一身份可以给他们以荣誉感与优越感，这样他们会更加卖力地与我们互动。

最后，在直播初期，我们可能会面临没有用户的尴尬，而这更需要我们保持热情，练就自说自话的能力，将直播间的气氛带动起来，而且一定要注重直播间内的每一个"游客"，因为他们可能就是你的"粉丝"，并陪你度过难熬的新人阶段。

8.7.2　与用户交流把握好两个度

在与用户沟通交流时，我们应该在以下两方面把握好"度"，超过界限就会适得其反。

（1）把握好与新老粉丝的度

老粉丝是你的长期支持者，新粉丝是你未来的潜在支持者，这两者之间不可有失偏颇。当老粉丝达到一定数量时，我们可以组建粉丝交流群，在这里与他们分享自己的欢乐悲伤，而且每次直播时都可以提前在群里通知，并鼓励他们活跃气氛。时间一久，粉丝内部成员也会逐渐熟识起来，这样在直播间就不只是主播与粉丝的互动，粉丝与粉丝自己也会互动起来。我们只要把精力放在新粉丝和游客身上，让他们感受到主播的重视，从而成为固定粉丝。当然这个过程并不是说不与老粉丝交流，而是要把握一个度。

（2）把握好互动的度

很多主播在直播时，为了增强与粉丝之间的黏性，在互动环节浪费了大把时间。其实大可不必，粉丝进入房间更多的是想要看到你提供的内容，如果你长时间与粉丝互动，游客可没有那么多的耐心，超过2分钟，他会立马离开。所以主播一定要把精力放在直播内容上，同时把内容与互动连贯起来，如果互动时语言更灵活、更诙谐会更好。

8.7.3　选择合适的直播时间

很多主播认为在用户使用短视频App高峰期直播就可以获得更多流量，相应的流量也会增多，其实不然。高峰期上线的粉丝确实比平时多，但上线的主播也会多，新人主播很难与头部大主播竞争，这时就应该学会合理地错峰直播，比如在高峰期之前或者之后的一两个小时直播，如果当前直播时段人气状况依然不理想，可以尝试考虑更换其他直播时段，以发掘更多的潜在粉丝，但仅适用于刚开通直播的第一个月，如果时间长久，粉丝已经形成习惯，就很难再改变了。

除此之外，直播时长也很重要，因为直播时长等于曝光量、积累粉丝速度、直播收益等。但它并不代表我们挂在那的时间，如果你不互动不唱歌，只是为了凑时长而直播，粉丝只会越来越少。所以如果要直播更长的时间，就要准备更多的内容，比如从2小时增长到4小时，那么内容也要增多到原来的2倍。作为主播，我们要明白直播的主要任务，越是什么都不做，直播间人气就越低，粉丝积累也就越慢。

9 社群运营：

从公域流量走向私域流量

现如今，短视频的形势一片大好，拍短视频的人越来越多，主播面临的问题也是各种各样，其中最严重的问题就是用户增长开始缓慢，甚至呈现下滑趋势。所以现在很多主播都开始从运营公域流量转向私域流量，让池子里的用户价值实现最大化。而要做到这一点，最好的办法就是"社群运营"。

9.1 从 0 到 1 构建你的第一个社群

所谓社群，就是有共同爱好、共同需求的人组成的群体，有内容有互动，由多种形式组成，主要有以下三点优势（见图9-1）。社群实现了人与人、人与物之间的连接是构建私域流量池的不二之选。不过由于各种社交工具的出现，构建社群的成本显著降低，给人一种"建群很容易"的错觉。其实不然。一个有效的社群在构建时必须经历以下几个环节。

■ 服务好老用户，实现高留存、高转化

■ 用户转"铁杆"，变身忠实粉丝

■ 构建自己的用户体系

图 9-1 社群的三大优势

9.1.1 设置社群名称

想组建社群，第一步就是拥有一个好的社群名，它能让人一听就记住，而且知道你是做什么的。那么如何取一个好的社群名称呢？

（1）定位精准

创立一个社群之前，首先要思考以下三个问题（见图9-2），举个简单的例子，"考研学习互助小组"，很明显，大家都是考研党，加入这个群是为了互相学习的，大家在这里能够获取一些考研相关的资料和经验。

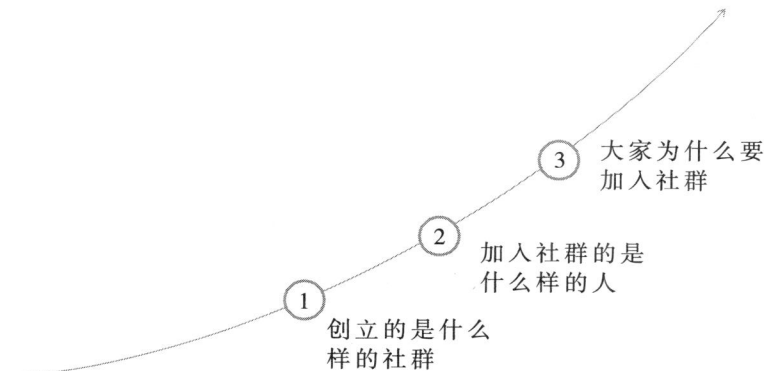

图 9-2　创立社群需要考虑的三个问题

（2）简单易记

好的社群名称应该是易于传播和记忆的，如果是一个很复杂生硬的名字，绝大部分人就会反感，更不要提传播了。比如"考研学习互助小组"就比"考研互动学习娱乐潜水群"要好很多，没有人愿意为人介绍一个拥有一长串名字的社群。在具体操作时，名称最好符合以下三个原则（见图9-3）。

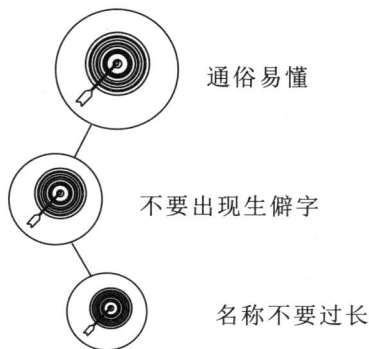

图 9-3　简单易记的三个原则

（3）辨识度高

好的社群名称应该具有独特性，一眼就可以识别，它可以防止出现同质化的现象。所以我们可以在名称中加入自己的名称或昵称，以此来区别其他社群。例如，主播名字叫"张小华"，那么社群名称就可以取名为"小华的考研学习互助小组"。当然我们也可以使用名称缩写来代替名称。

9.1.2 落实社群文化

真正意义上的社群，其群成员通常都有着共同的价值观或者兴趣爱好。所以要组建社群，一定要有一些共同的，能够代表成员共同意识特征的具体内容。我们把这种内容称之为社群里的亚文化，形成大家高度共识的亚文化的社群更有生命力。

口号作为浓缩的精华，是体现社群亚文化的优质载体。它主要分为以下两类。

利益型：社群的功能或者特点能够带给你的直接利益，为你完成某种目标做出贡献。依然以"考研学习互助小组"为例，根据其功能特征，它的口号就可以是"让每个人都能成功考研"。

"三观"型：阐述追求利益背后的态度、情怀、情感，也就是利益升华后的世界观、价值观、人生观。例如，"考研学习互助小组"的成员们所追求的利益是考研成功，而成功不是说出来的，而是做出来的（态度），所以我们可以将口号变为"做一题会一题，考研面前别偷懒"等可以让人脚踏实地、不空想的口号。当然我们也可以从情怀、情感等角度入手制作口号。

9.1.3 制定社群规则

俗话说："无规矩不成方圆。"运营好社群要制定一个运营规则，也就是所谓的行为规范。一般来说可以明确以下三个行为。

鼓励行为：如入群的自我介绍、原创分享、成长感悟等。

不提倡行为：如询问与本群无关的问题，分享各种链接等。

禁止行为：如发广告、拉投票、言语攻击、无休止争论、破坏群内的和谐气氛等。

那么如何让社群规则更容易被遵守呢？很简单，就是利用奖惩制度，谁犯了群规，马上处理，就像交警发现违规马上开罚单一样。当然如果谁做得好，也可以马上表扬，比如我们鼓励原创分享，当某位成员在公众号中发表了原创文章并分享到群里时，我们可以以发红包的方式鼓励这位用户再接再厉。只有这样社群才会长久发展下去。

9.1.4　设置引入门槛

社群成员在精不在多，到处拉人，如果不互动也是一潭死水。所以必须是一群拥有同样兴趣爱好，或者对某种事物有共同认识的成员，这样聚集在一起才会有共同话题，社群才会长久发展下去。那么如何找到这群志同道合的人呢？就是在入群时设置引入门槛，它会帮我们筛选出"三观"不匹配的人。例如，成员在进入社群时，需要支付会员费，一般适用于分享专业知识的社群；或者进群人员要符合一定的要求，比如关注主播一年的才可以进入该社群等。有了门槛，加入者会由于"付出感"而格外珍惜这个群。

在用户入群时，需要设置欢迎官，他负责制造氛围。试想一下，如果我们进入某个社群之后，没有人来欢迎我们或者一句话都不说便会感到很失落。所以欢迎官这个职位是必不可少的，他主要负责在新人入群时主动欢迎，让新人感到被重视、认可。等后期社群稳定之后，我们还可以把欢迎官发展为管理员，主要负责审核人、维护群内秩序以及活动预告发布，如果用户有疑问，管理员还需为其答疑解惑。这样群主不在的时候，群里不至于乱成一锅粥。

当社群成员达到一定数量时，群主也就是组建社群的主播可以给大家介绍一下建群的目的和意义，可以给大家带来什么样的福利和好处，以及群内规则。如果可以的话，在介绍完之后还可以发一个小红包之类的入群福利。

9.2 策划裂变活动实现低成本获客

很多人都想建立属于自己的社群，但是在建群时总会出现这样那样的问题，导致社群没有建好，总结起来都被归因为两类问题：一是吸粉难，二是变现难。诚然，在某些领域已经成为大咖的人，会更容易吸引成员的加入、转化，因为他们有自己的品牌、人脉和人格效应。比如李子柒、Papi酱、代古拉k等知名度较高的短视频主播。那么在没有人脉和粉丝基础的情况下，该怎么解决这两个问题呢？就是策划裂变活动，它有两大特点（见图9-4）。

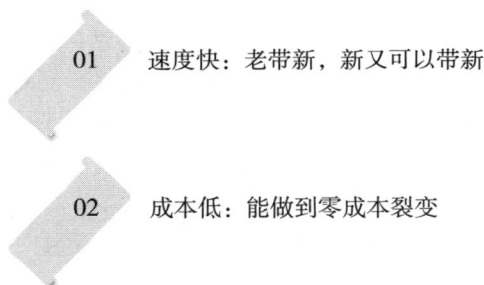

01 速度快：老带新，新又可以带新

02 成本低：能做到零成本裂变

图 9-4 裂变的两大优势

9.2.1 策划活动方案

活动策划可以帮助我们确定活动主题以及具体的时间、奖励、流程等事项，它的作用是帮助运营者理清思路，分清重点，从而能按照计划执行活动，减少突发事件。它主要分为以下三步。

（1）明确目的

任何一种活动，在开始前都要明确目的，只有以目的为导向，才不会被扰乱节奏，迷失方向。例如，某主播搭建了一个"××读书分享会"的社群，由于刚刚创立，社群成员还很少。所以此次策划裂变活动的目的就很明显是"引流拉新"。

（2）策划主题

明确目的之后，我们就要围绕目的策划主题。首先我们需要为所策划的活动找到一个理由，这个理由要能够戳中痛点，让他们能产生行动。依然以"××读书分享会"社群为例，其目的是"引流拉新"，他们的目标用户是"爱读书的人"，他们有一个痛点就是想要读书，但却由于工作、生活等各种原因，导致读书的时间变得越来越少。那么我们就可以围绕"如何利用碎片时间读完一整本书"为主题，策划一个关于"高效阅读"的直播教程，专门吸引用户加入社群。

（3）设定规则

在设定规则时，需要记住两句话：流程简单，文案清晰。活动越复杂，用户就越会产生逃跑的心态，但是如果采用游戏化的设计规则，分步骤给予奖励，那么用户就会跟着你的节奏来。例如，用户将活动分享给朋友，可以获得××；如果成功将朋友邀请至群里，可以获得××；如果成功将5个朋友邀请至群里，可以获得××。

9.2.2　准备裂变诱饵

诱饵是社群成员能不断裂变的一个很大前提，它的作用是给用户一个理由，以此来驱动他的下一步动作。一般来说，裂变诱饵分为实物和虚拟两种，其中虚拟诱饵的成本几乎为零，而且赠送方便，可进行高价值塑造。比如资料包，方案推荐等，但不管怎样，都要符合以下三个原则。

原则一：高价值

价值越高的诱饵对用户越有吸引力。那么什么是高价值呢？它需要满足两个价值，见图9-5。例如，"××读书分享会"的诱饵就可以是此次直播的门票，赠送价值98元（售价）的直播门票（使用价值）。

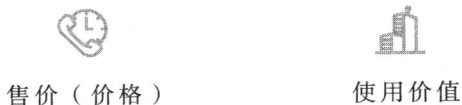

售价（价格）　　　　　　使用价值

图9-5　诱饵需要满足的两个价值

原则二：相关联

诱饵必须与你的目标用户相关联，这样他们才能在后期进行转化时成为你的终身用户。否则这些目标用户就会因"诱饵"而来，又因没有"诱饵"而去。例如母婴社群，裂变诱饵可以设置成儿童绘本、母婴知识等。

原则三：低成本

即将诱饵的成本压到最低，在这一方面知识付费产品具有天然优势，因为只要知识付费课程打造出来，边际成本就几乎为零。另外，知识的价值是无法用金钱来衡量的，所以这类产品就很容易塑造高价值。

9.2.3　设计裂变海报

海报作为活动的载体，可以让传播的效果扩大一百倍，它主要包含以下六大要素。我们以上述案例中"××读书分享会"所要策划的直播教程为例，来看一下裂变海报该如何设置。

主标题：相当于整个活动的最大卖点。比如"××读书分享会"的活动主题是"如何利用碎片时间读完一整本书"，那么海报主标题可以简化为"高效阅读直播教程"。

副标题：对主标题的说明补充以及强调。比如"利用碎片时间读书"等。

卖点：告诉用户参加此次活动你会获得什么。

背书：用户容易对知名度高的事物有较强的信任感，所以我们可以将直播中的讲师挂上头衔，以体现其在领域中的地位，降低用户的参与决策。

促行动文案：促进用户产生行动，有两个方法。

①利用限时限量产生紧迫感，比如直播门票限量免费赠送，仅限前100名。

②利用"规避损失"心理促使用户行动，这一方法比较适合提高转化率，即告诉用户不行动就会失去什么。例如，"每十人购买降价五元"，让用户产生一种"不报名就会失去便宜购课机会"的心理，不但能够促进直播教程的销量，而且还会让更多的人加入。

活码：也就是社群的二维码，用户扫码进群后，我们需要准备欢迎话术。另外，为了让越来越多的人加入，我们也可以给这些新加入的社员转发海报，宣传此次活动。

9.3　打造高活跃度的社群氛围

社群已经成为互联网商业的标配，这源于社群的高触达、高转化，但现实中各种原因使得社群从初期的活跃到末期的沉寂来得非常快，到最后即使有人想要活跃气氛都没人回应。其实之所以会出现这样的现象，就是因为社群的活跃度不够高。那么从运营的角度来看，我们该如何提高社群活跃度，让社群一直保持活力呢？

9.3.1　引导用户自我介绍

当新人进入社群后，彼此都很陌生，要想降低这种陌生感，就是引导用户做自我介绍，不过在这之前我们要把群规单独发给用户，这样做的目的是让用户了解群规则，降低沟通成本。那么如何引导用户做介绍呢？

我们可以在用户进群之前让其填写一些基本信息，如姓名、职业、性别等个人基础信息，并将这些信息制作成海报或者简历的形式发布到群里，这样做的目的是增加自我介绍的趣味性，而且也会让社群成员对新人有一定的了解，便于沟通。不过还需注意提高用户的归属感，比如修改群马甲等。

而要想创造成员们更深层次的情感链接，我们首先要以身作则，在对方有疑问时，我们要主动回应，让其感觉到自己是被关注、被尊重的，从这些小事中积累的"情感存款"也可以缔造很深的链接；在成员有困难时，辅助其解决问题，也是很好的"情感存款"。

9.3.2　输出内容要有价值

有价值的内容是用户留存并活跃的基础，在一个社群中内容是皮，运营是毛，皮之不存毛将焉附。

而要想产出的内容有价值，首先要满足用户物质和精神上的需求，比如获得想要的内容、社交以及成就感。具体表现为从用户需求的角度提供有价值的内容、服务和活动，激发用户活跃度，培养用户习惯，进而达到更多目标。一般而言，一个群的内容设置越好越丰富，对群成员的吸引力就越大，群成员的活跃度也会有非常大的提升。我们来看一下某音乐社群的内容设置（见图9-6）。

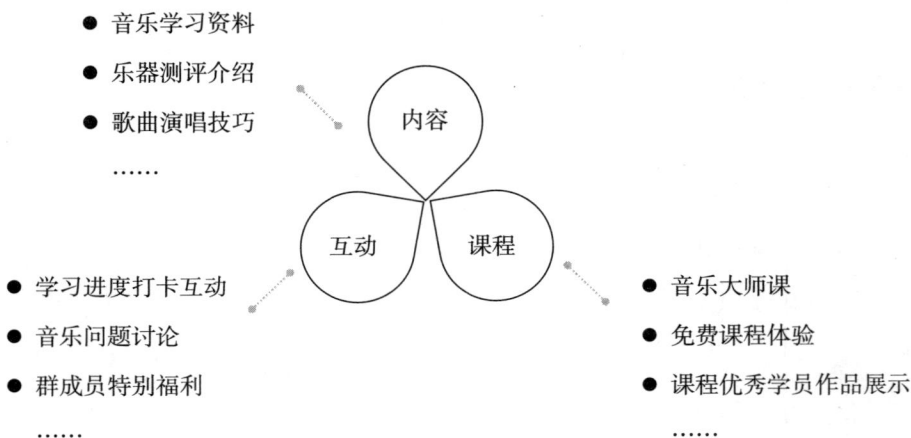

图 9-6　某音乐社群的内容设置

这样的社群不但能够形成群主与用户互动，而且用户与用户之间也能相互沟通，最重要的是我们能够在这些沟通中及时收集用户需求，当很多成员提出相似的问题和困惑时，我们就可以组织一次讨论，分享自己相关经验，与成员探讨，顺势针对用户的疑问提出有针对性的建议，这对取得用户信赖并提高社群活跃度非常有帮助。

另外，在互动方面，当我们深入了解用户在某一方面有专长，比如某一用户对于美声特别了解，并且考取了相关证书，我们不妨邀请他为其他成员做一次分享，再给予该用户相关的奖励，如发红包等。这对于激发用户的成就感，进而提高该用户的活跃度非常有好处。

当然，除了和社群主题强关联外，也可以偶尔针对群成员的共性，有一些开拓性的讨论，比如加入音乐社群的成员，可能还有一些职业道路上的问题，关于这些问题的讨论可以让成员关系更加亲密，也会更加活跃。

9.3.3　建立社群激励机制

提起游戏，大家自然而然会想到"沉迷"；提起学习，大家却会想到拼搏。这就引出一个问题："为什么游戏会让人沉浸？"就是因为游戏有一个及时反馈的模式，我赢了这一关，可以升级、获得金币。这里面有一个关键因素就是激励机制，我们也可以将其运用到社群中来，以提高用户的活跃度。

其实简单来讲，激励机制就是简单的层级设置，要给用户分层，让用户通过活跃社群来获得更多权限，进入更高的层级。例如，我们创办了一个"短视频运营学习社群"，那么我们就可以将社群里的成员分为以下五层：班长、副班长、学习委员、课代表、学员。每个层级都有相应的指标，以及奖励机制和特权。当然有奖就有罚，降级机制以及降级之后的惩罚措施也要有。这样大家就会清楚自己目前正处于什么层级，也会更有持续活跃的动力。

除了层级制度之外,用户如果在其他方面有很好的表现,也可以进行激励。很多社群都有课后作业,我们评选出优秀作业,并给予其相应的奖励,如发红包、送福利等。

9.3.4　定期举办社群活动

一个群如果需要保持足够的活跃度,那么肯定需要安排各项活动,充分调动大家的积极性,提高成员的活跃度。除此之外,活动的安排不能仅仅是空热闹一场,最好通过活动,有一定的价值存储,从而影响更多的成员,从而提升参与度。

例如每周开展一次会诊活动,就是所有的人帮助一位或者多位学员,解决他们目前遇到的问题。同时,每次活动举行之后,也要有人将这些问题总结成文档的形式发布到群里。这些价值产出不仅仅能解决当事人的问题,而且还会引发更多人的思考。

另外,线下的交流不可或缺,可以是娱乐交流类,比如聚餐、团建等活动,也可以是学习分享类,比如培训、讲座等。这样能够增进成员之间的亲近感以及对于社群的认同感。

9.4　增加社群黏度提高用户留存率

随着私域流量的兴起,很多运营人员都开始做起了社群运营,而要想做好它,最关键的就是留存。然而"用户难留存"也正是困扰大家许久的一个大问题。其实这是由于社群的黏度不够高,一个有温度、黏性高的社群可以让社群长久留存,而且用户之间的互动也非常融洽。那么如何增加社群黏度，提高留存率呢？我们需要从以下三个方面着手准备。

9.4.1　引入专业的KOL

一个社群能够持续留住用户的关键一点在于专业，不能都是小白，这样群内成员分享的心得、经验以及资料等价值才会更高，相应的用户黏度才会变高。那么该如何提高专业度呢？很简单，就是在群内引入专业的KOL（意见领袖），不过需要具备以下两个特点（见图9-7）。

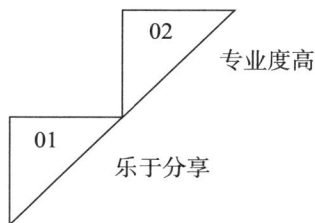

图 9-7　KOL 的两大要求

社群中最理想的状态就是拥有"KOL"和"小白"两种角色，"小白"负责不断提问，"KOL"来解答。这样不但可以让用户看到"KOL"在领域中的深度、广度，还会让用户认为"KOL"是一个乐于分享的人，对于他的信赖度就会增强。自然，社群黏度也会增高，用户流失度就会降低。

当然，并不是所有的"KOL"都会愿意加入社群，这时我们就可以退而求其次，邀请其来为社群中的用户录制课程等，以此来提升专业度。另外，在社群内塑造"KOL"也是可以的。

9.4.2　建立成员关系网

俗话说："物以类聚，人以群分。"在社群内部也存在这样的一个现象。社群内的大部分成员都是通过其他成员的介绍进入社群的，久而久之，往往会形成裙带关系。这样社群的黏度会更高。那如果社群的成员都是来自五湖四海，该如何形成裙带关系呢？就是建立成员关系网。

很多游戏都有拜师系统，这个系统最大的好处就是能够把玩家之间联系起来，然后互相辅助升级。这一点，社群也可以借鉴。例如，互组CP，或者在学术讨论时，组成一个小组等，其实关系、称呼都不重要，重要的是，通过管理员，让成员之间自动形成联系，这样每个成员都有一个属于自己的关系网，而这个关系网中的各个成员又都有自己的关系网。这样成员之间的联系互相交叉，关系网会越来越亲密，成员离开社群的阻力也会变大。

9.4.3　为社群创造福利

如果说引入KOL、建立成员关系网，是用户的精神需求，那么福利就是用户的物质需求，要打造黏度较高的社群，光满足精神需求是不够的。社群福利一般是不对外的，甚至是独一无二的，它会为用户创造惊喜感。社群福利主要分为以下几种。

荣誉类：优质平台的签约名额、顾问名誉、聘用证书等；

体验类：新品测评、旅游等；

服务类：免费电影票、免费餐饮卡、购物卡、大咖免费一对一指导；

虚拟类：免费电子书名额、付费直播课名额等；

产品类：实物类产品，包括图书、食品等；

团购类：产品内部团购价、课程内部优惠价等；

现金类：为社群积极成员直接提供现金奖励、线下活动的路费等。

9.5　三个套路实现用户高效转化

"转化难做"是很多运营人员的共识，但相比于其他方式，社群做转化有着先天的优势，这里是你个人拥有的私域流量池，可以免费重复利用。

可也并不是"×××出新品了，限时抢购快来买"这么简单，它需要一些"套路"才能提高转化率。

9.5.1　戳中痛点、爽点、痒点

痛点是指"尚未满足，却又广泛渴望"的需求；爽点是指需求被"即时满足"；痒点是指"满足虚拟自我"。可以说这三个"点"是提升社群转化最强的动力因素，那么它们该如何同时满足呢？很简单，只需要以下三个步骤。

步骤一：指明"需求"

所谓指明需求，就是告诉用户为什么需要我们的产品，我们可以直接从"痛点"下手。我们以减脂蔬菜沙拉为例，来看一看用户需要它的理由是什么。

我们要找到用户尚未被满足但是又广泛渴望的需求。很多减肥人士都有一个梦想，就是想找到一个不用运动，就能轻松瘦身的健康减肥方法。那么这就是一个需求，我们可以从这里入手，给用户一个解决方案。

步骤二：解决"需求"

解决方案，其实就是你本身的产品卖点展示。这一点我们就可以从"爽点"和"痒点"两方面入手，同时建议大家从"低门槛+高收益"的角度去提供解决方案，会让用户产生强烈的购买欲望。

例如，"减脂蔬菜沙拉，用吃来解决减肥的烦恼（低门槛+高收益），坚持××天（爽点）让你拥有小蛮腰，告别大象腿（痒点）"。

"爽点"和"痒点"可以同时存在，也可以单独出现，视情况而定，千万不要误导用户。

步骤三：证明质量

所谓证明质量，就是让用户相信你的产品，这时候我们就可以推荐一

些用户案例、名人背书、畅销感等。

比如我们可以亮出一个吃过"减脂蔬菜沙拉"的用户照片，或者前后对比照。

再如告诉用户已有××个人购买了我们的产品。

9.5.2　价格杠杆提升转化

所谓价格杠杆，简单来讲就是所谓的优惠促销，它能利用用户"爱占便宜"的心理让其产生"冲动消费"，但优惠也不是使用简单的免费、打折、赠送等基础手段来促进转化，这时候就是价格杠杆发生作用的时候了，它有以下三种方法。

（1）比例偏见

所谓比例偏见，就是找到一个小的基数，展现一个大的优惠比例，会让用户认为获得巨大的价值。因为人对比例的感知比对数字的感知更加敏感。例如，购买500元的锅赠送价值50元的菜铲，只优惠10%感觉送少了。那么换一种方法，买500元的锅，只要加1元，就能得到价值50元的菜铲。用户就会产生一种"用1元买到50元菜铲"的倍率感，他会认为特别划算。在社群中，我们也可利用这一手段促成购买。它有两种应用方式。

①促销时，价格低的产品用打折的方式；价格高的产品用降价的方式。例如，"58元产品现在卖48元"就没有"58元产品降价八折"的优惠力度大，虽然都是节省10元钱。

②用换购的方式，让用户把注意力放在价格变化比例很大的产品上，这样会产生很划算的感觉。

（2）价格锚点

对于产品价格，用户心中自有"一杆秤"，也就是所谓的合理价格，但是这个价格并不是由成本决定的，而是由其对产品的感知决定的。这些感知一般是来自两个产品的对比，所以在介绍产品价格时，如果优惠力度不够大，我们可以通过与其他产品做对比来促进用户转化、购买。

（3）优惠团购

社群拥有非常强的社交属性，团购的方式不但能够促进用户之间的关联，而且还能低价购买产品。相当于你只用说服一个用户购买，他就会帮助你找到另外一个人来购买产品。不过需要注意产品的成本，如果是成本较高的产品，就不太适合这样的方式。

9.5.3 营造气氛带动转化

要想促进用户成交，需要我们营造"买买买"的购物氛围，帮助我们实现转化。这利用的是心理学上的一个名词"从众效应"。

首先，需要足够多的人参与带动，保证能够使群内的氛围活跃起来。如果社群内有小号，我们就以"用户"的身份，在群内询问关于产品的问题，注意一定要是有价值并且是多数用户心中疑惑的问题，这样在给出回复的时候也就解决了用户所担心的问题。例如，关于"减脂蔬菜沙拉"，很多用户都会有这样一个疑问，就是"如果哪天不吃减脂蔬菜沙拉，体重会不会反弹？"那么我们就可以根据这样的问题准备一个真实有效的答案。

其次，在问答的时候，植入产品的价值和优势，吸引用户购买。通常问答结束之后，直接进行转化能够取得不错的效果。

最后，群主与小号之间的沟通不要过多，否则形成刷屏之势会影响用户获取信息，只要带出关键信息点即可。

10 变现模式：

纵使用户 300 万，不懂变现也枉然

短视频运营的目的是什么？说到底是变现。在各大短视频上都有很多个人或者品牌火起来，短视频平台也俨然成为商人的红利池。短视频的变现渠道有很多，如广告变现、直播带货、知识付费等。我们需要明确每一种变现的模式和操作规则，才能够真正把粉丝的热情转化为实实在在的利润。

10.1　平台收入：最原始、直接的变现方式

"平台收入"是很多人在平台内最早获得的收入，因为只要你拥有足够多的粉丝，内容获得足够多的流量，平台就会给予相应的补贴。例如，西瓜视频推出的万花筒计划，为宠物、手作、时尚、音乐等30余个垂类创作者提供10倍以上的额外流量支持和奖金制度；好看视频的Vlog蒲公英计划专门针对Vlogger提供了5亿元现金补贴，20亿流量扶持，而且Vlog认证作者收益翻两倍。

另外，短视频平台的门槛非常低，普通用户（UGC）、专业用户（PUGC）、专业机构（PGC）以及内容整合机构（MCN）均能在平台发布内容。不过，无论是哪个类型的创作者，最重要的还是流量，只有聚焦流量才能获得收入。

10.1.1　囤积粉丝能变现

在短视频平台，要想获得收入，首先要囤积粉丝，有粉丝才有流量，有流量才有收入。这里我们可以了解一下获取流量的变现组合（见图10-1）。

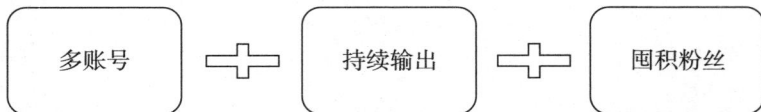

图 10-1　流量变现组合

首先，我们需要多注册一些账号，它主要分为两方面：第一，多注册不同的短视频账号；第二，多注册同一短视频平台的其他账号。当注册完多个账号之后，接下来就要养出高质量账号，并让各个账号的粉丝保持活跃的互动，增强粉丝黏性。各账号之间适当互推，形成联系，方便日后引流。

其次，即使是多账号，也要持续输出内容，可以一个视频发布多个账号，也可以制作一个长视频，然后截取不同段落，发布至不同定位的视频。当然，要从中分出主账号和副账号，主账号保持日更，副账号保持周更或者两天一次的频率，时间长了，粉丝也就知道你的账号是做什么的，这样可以加深粉丝对你账号的深刻印象，形成黏性。

最后，在囤积粉丝的环节中，我们需要做的是维护粉丝，多和粉丝互动，与粉丝形成紧密关系，比如给粉丝发放福利，发布粉丝喜欢的视频等，只有把粉丝牢牢圈住，再进行多元化的变现，这样的变现才是高明的。

10.1.2　粉丝打赏盈利多

短视频平台的打赏功能一般都出现在直播中，粉丝通过打赏礼物的方式来支持主播，但是这些礼物是需要购买的。打赏是最常见的盈利方式，盈利是由创作者和平台按照一定的百分比来分成的。那么如何获得粉丝打赏呢？很简单，就是给用户创造交付感。

主播得到打赏之所以困难，是因为网络平台是虚拟的，用户没有交付感。通常我们去超市买东西，拿出去10元钱，会得到一个10元钱的产品，交付感明显。但相对于打赏而言，钱是花出去了，但却得不到任何反馈，所以我们要让用户感知到我们付出的成本，这个成本不一定是金钱成本，也可以是时间成本、心理成本等。

例如，很多主播会在直播过程中告诉用户，别看这次直播只有两三个小时，但是我却为它准备了两三个月，包括搭建直播间、准备直播内容等，就是为了在今天直播的时候展现一个最好的舞台，这是对你们负责。这样做是为了让用户感受到主播付出的成本，一旦用户意识到我们的付出，打赏就是个大概率的事情。如果用户依然不愿意打赏，我们也不能将话题一直放在"付出成本"上，点到为止即可，不然就会显得太刻意，招致用户反感。

不过需要注意的是，直播内容要有价值，不能是低俗无聊的内容，这样的内容很容易压榨粉丝的时间，而且粉丝一无所获，自然不会打赏，甚至迅速退出直播间。

10.1.3　红人模式变现快

在短视频平台中，还有一种变现方式，就是成为网红，继而成为 KOL、IP 甚至明星。当你成为短视频红人或者达人之后，你就成为流量的代名词，有流量就可以变现，获得衍生附加价值。例如推出自己的产品、接广告、代言、踏上星途等。当然这需要你本身具备一项能够拿得出手的才艺，并且坚持发布原创、有个性的内容，当然还要学会抓住一些机会。

短视频平台会定期推出一些热门话题，以此来扶持更多原创账号，我们就可以借此机会增加曝光率，再加上自身的才艺秀，也许就能够像很多大 V 网红一样一举成名。例如，抖音在 2020 年 3 月联合盖世文化推出了"拾音者计划"，只要参与这一计划，发布自己的音乐作品，不但有机会获得大奖，还有可能赢得盖世文化签约机会。

对这些原创作者来说，不但可以通过抖音让自己的作品获得更多关注的机会，而且还能签约公司，成为红人明星。因此，各种短视频平台的话题活动对成为红人非常重要，是不可忽视的一个红人变现通道。

10.2　广告协作：粉丝多了，广告主就来了

随着短视频市场用户流量的爆发，其自身的商业价值也在逐步提升。对于广告主来说，哪里有商业价值，哪里就有他们的投资。于是我们可以看到越来越多的短视频开始出现广告植入，而这也是短视频变现模式之一。

广告主根据平台质量、短视频内容决定的粉丝质量的不同，给出不同的价码。根据《IT时报》2018年报道，MCN机构大禹网络在抖音3月的报价显示，一条广告"一禅小和尚"是25万元；快手KOL资源报价，"上官带刀"的一条广告报价为55万元。

承接广告可以说是主播非常赚钱的渠道之一。与传统广告不同，在短视频中植入广告可以与用户产生互动，促进转化效果，甚至还可以直接促成购买。那么该如何在视频中植入广告呢？

10.2.1　广告的三种植入模式

广告变现，对于大家来说是一种普遍的变现方式，它主要分为三种植入模式。

冠名广告：是指给某个节目或者活动提供赞助，借此扩大品牌传播力和影响力。平时在电视上看到的节目大多都是品牌冠名，主持人会在节目一开始就对此表示感谢，在短视频行业，冠名广告通常体现为添加话题、挑战、特别鸣谢等。目前短视频中的冠名广告比较少，一般都是行业巨头，比如京东在618购物节的时候，还专门在抖音发出了一期挑战赛"抖出你的家乡味"。

贴片广告：贴片广告是在短视频的背景下产生的广告形式，一般会放在视频的开头或结尾处，但如果处理不够巧妙，就会让观众产生抗拒，因为植入模式过于生硬，而且大都与视频内容无关，因此会在整体上影响观感。

植入广告：即将某品牌或者产品植入短视频剧情中，是最为常用的一种模式，当用户在观看视频时会在不知不觉中了解这一产品或者服务。这种植入模式相较于前一种方式没有那么僵硬，会自然而然地进入视频内容中，用户接受度也会相对较高，分红也是很可观的。

10.2.2 广告植入要与场景融合

很多短视频的广告植入都过于露骨，只是为了植入而植入，这样不仅广告效果达不到，而且还会破坏用户的观看体验。所以在做广告植入时必须将内容与广告融合，要巧妙自然，用户才会乐于接受，甚至还会期待你的广告。那么如何在短视频中巧妙地植入广告呢？就是将广告融入场景中，使得整个逻辑线条自然流畅。

抖音创作者"王蓝莓"承接了一个威马汽车的广告，就是通过妈妈向女儿教导"找男朋友要看内在品质"的场景引出威马汽车的卖点。比如说到找男朋友要有品位时，就会拿威马汽车举例子："就像这个车里的内饰，你带出去有面子。"再如说到找一个男朋友要会照顾自己时，也是以威马汽车为例："另一半得像这个智能辅助系统，自适应巡航检测全车，得能照顾你啊。"最后通过妈妈吐槽爸爸不懂自己的场景引出广告："5月10日关注威马汽车新车直播发布会，你想要的我都懂，给你介绍个'秒懂你'的威马汽车。"用户看了不但没有反感，反而还因为妈妈吐槽爸爸的场景引起了共鸣，仅发布不到一天就获得了4.4万的点赞，773个评论。

另外，不是所有的广告我们都可以承接，需要根据自己的定位进行选择，比如我们的短视频所涉及的领域是绘画，那么我们就可以承接一些颜料、画笔之类的广告，再与场景相融合，整个植入浑然天成，丝毫不会让用户感到违和，反而会被"种草"购买。

10.2.3　承接广告要适度

一直以来，人们对于广告都带有抵触心理，认为其商业化气息过于浓厚，尤其是在这个充斥着各种广告的社会，所以我们在承接广告时，需要适度而为，过多只会让用户弃你而去，毕竟用户拿起手机是想看视频，不是想看广告。

广告时间也不要过长，对于广告主而言，他们当然希望广告在视频中出现的频率、时长越多越好，但这会影响用户的观看体验，所以，我们应该与广告主商量好对策，实现共赢才是最重要的。

另外，广告内容不能过于粗糙、生硬，在制作内容时，我们可以将其当作平常的短视频内容对待，要注意商业性与艺术性的平衡，如果看广告也能给人一种"美"的体验，那么这个广告就超过了它本身的价值。

10.3　电商变现：开个小店，日赚百万

从短视频用户规模来看，它已经成为各领域生态布局的重要环节之一，在短视频行业迅速崛起的过程中，如何让流量变现，一直是平台和创作者头疼的问题。而随着传统电商时代的红利殆尽，短视频因其易于融合的自身属性，使用户在短视频购物平台可以一站式触达不同的内容主体，实现内容、信息、服务、营销的场景互联，因此短视频+电商的组合将会成为未来趋势，它主要分为两种模式（见图10-2）。

一类电商
在短视频中打开产品链接就可以直接购买

二类电商
在短视频中打开产品链接，跳转到第三方平台购买

图 10-2　短视频电商的两种模式

抖音创作者"毛光光"就依靠抖音商品橱窗功能实现了爆款红利。截至2020年5月，他的抖音粉丝高达772万。他通过抖音购物车功能在视频中售卖保湿水、卸妆水、美容仪等化妆产品，譬如"毛光光"发布的一个关于高姿精华液的视频，视频内容就是柜姐在接待客户时的场景，在接待客户的期间就把自己的产品自然而然地引了出来，最终该视频获得了130.5万的点赞。粉丝还可以在观看视频时点击屏幕上"毛光光"橱窗的产品"视频中同款商品"直接进入他的淘宝店，购买同款产品。

现在很多主播都走上了电商变现的道路，那么该如何走得更加长久呢？

10.3.1　开通电商流程

现在很多短视频平台都开通了电商的功能，我们以抖音为例，来看一下抖音店铺的开通条件，它分为两种情况。

①资质齐全，有第三方平台的店铺：店铺开店半年以上；店铺评分4.7（描述评分、服务评分、物流评分）。需要注意的是，如果是京东店铺，店铺风向标≥9.1（用户评价、物流履约、售后服务）。

②资质齐全，抖音账号粉丝≥1000名，个人主页内有超过10条公开且审核通过的视频。

以上的"资质齐全"包含：个体工商户或者企业营业执照、法人身份证、商标注册证及授权书、商标注册证、品牌授权书等。

抖音小店的开通步骤如下：

①打开抖音官方网站，点击抖音号登录。

②根据个人情况选择对应的两种入驻方式：个人工商户入驻、企业入驻。

③填写主体信息：首先填写经营者信息，包括身份证正反面照片、手持身份证照片；其次填写营业证件信息：营业执照照片，电子授权书在下载后会自动填充，直接盖章即可，如果没有可以不盖；最后填写结算开户信息：银行卡类型（一旦选择将无法更改）、银行卡卡号、开户银行、开户支行、支付宝账号。

④填写入驻信息：首先是店铺基本信息，普通店铺除生鲜、图书、教育培训、教育音像、数字内容五个类目外，其他类目需提供商标注册证、品牌授权书证明。店铺命名不可使用专营店、专卖店、旗舰店等词汇，可以命名为"××的服装店"等；然后填写售后信息：售后人姓名、电话、地址。

⑤交保证金：根据所选类目不同，保证金也不同，2000~20000元不止。

10.3.2 必须具备的三类产品

我们要经营一个店铺，离不开高流量、高利润的产品，它主要分为以下三个层次。

首先是爆款，即非常火爆的产品，高流量、高曝光、高订单就是它的具体表现，爆款产品的评价和晒单就是最好的介绍，不但能吸引用户增强信任感，而且还能给其他产品带来流量。但这种产品的利润并不好，因为一般情况下达到高流量、高订单的产品，价格相对来说不会高，相对应的利润也会变低。主播要做好不盈利的准备，对爆款的利润率期望应该设在−1%~0。

其次是引流款，是指给店铺带来流量的产品，这类产品的价格不能过高，一般情况下利润预期在0~1%，这样与爆款产品配合，会有一个很好的效果。

最后是高利润款，这是主要盈利的产品，利润率由主播对产品预期利润率估值来定，不过这类产品也要预留折扣空间，方便在促销时推出打折活动，折扣空间可以预留5%~20%。

10.4　直播带货：让用户主动被"种草"

快手创作者"别问王爹"在2019年8月的一场直播中，凭借其20多年美妆行业资深经历，在直播上为大家讲解美妆护肤类小知识，以此卖出冻干粉2500单、洁面啫喱500份、Dectro滋养护肤组合600份……

一场3.5小时的直播，商家的所有产品全部售罄，直播销售成交金额超过170万元。

这就是"直播带货"，它利用了直播强代入和高互动的特点，使用户陷入"种草"（在主播的推荐下对某物产生购买欲望）→"长草"（想要购买的情感不断"增长"）→"拔草"（购买欲得到满足，即买到想要之物）的循环中。它主要分为两种运营方式（见图10-3）。那么我们要如何做，才能让用户成功被种草呢？可以从以下三方面入手。

自己开直播选产品售卖，成本风险相对较高，但收益也更大　　　　　　　　商家将产品放到你的直播账号上出售，用户只要购买，你就会产生收益，即从中赚取利润提成

图 10-3　直播带货的两种运营模式

10.4.1　找到产品独特的种草点

所谓产品"种草点"，就是可以满足用户进化痛点需求，这个点越稀

缺，用户购买欲望就越高。那么什么是进化痛点需求呢？举个简单的例子。

比如我们在直播间卖芒果干，之前大家买芒果干是因为口感好，但是时间一长就会发现，芒果干的热量比芒果本身的热量还要高，热量摄入过多会导致发胖。那么现在用户的进化痛点需求就出来了"不发胖"。我们在直播时就可以说："这款芒果干除了片大肉厚口感好外，最重要的是它是自然风干，它是没有添加白砂糖的，不容易引起发胖。"

不过需要注意的是，用户的进化痛点需求要独一无二才好。如果所有的芒果干都可以搞定这一点，那么效果就不会太好。如果产品没有可满足用户进化痛点需求的"种草点"，这时我们便可以从用户的痒点需求处入手，比如买奶茶很多时候并不是因为好喝，只是单纯因为明星推荐或者杯子外观；买零食并不是因为好吃，而是因为跨界礼盒……这些痒点需求有时候甚至强过痛点需求。

"种草点"最好聚焦在 1~2 个核心点，内容太多会遮住亮点，而且用户也记不住，进而影响产品销量。

10.4.2 种草内容要具有画面感

在确定了"种草点"之后，我们还要把它优化一下，进而让它更具有画面感，它的作用在于降低用户的理解难度，让用户有一种身临其境的感受。那么我们该如何建立画面感呢？

（1）设置参照物

这里的参照物是打开用户想象力的钥匙，但必须是大家耳熟能详，有共同认知的，这样才能让绝大多数人往同一个方向联想，达到预设的传播目的。否则产品是新的，描述语也是新的，那么用户就会云里雾里，直接绕过这一产品。比如一款口红你单纯说它是正红色，用户肯定没有购买欲望，但是如果你说它是比较浓郁的烂番茄色，用户就会埋单。

所以给产品一个熟悉的参照物，能够让用户在短时间内理解各种未知事物，并产生具象的画面，威力巨大。

（2）多用名词、动词等具象词汇

文字转到画面，实际上是抽象事物的具象化，让抽象的文字呈现出画面感，名词和动词的辅助尤为重要。有具体指代的名词，可以让文字在人脑海中自动替换成画面；而动词在于它能使文字由静态立刻转为动态。例如，李佳琦在描述一款香水时，他会说"下过小雨的森林里的味道"，小雨、森林为用户呈现了一幅雨后森林的景象，仿佛置身其中，自然也就能够想象香水到底是什么味道。

另外，还需注意的是，种草文案只是一种书面语，我们可以融入一些口头语，使得整段话变得更自然、流畅。

10.4.3　加入自己真实的个人体验

所有的种草都是建立在信任的基础上，通常真实的个人体验是建立信任感最好的方式，尤其是一些无法通过外观判断其功效的产品。比如"不粘锅"，光说它不粘锅不足以证明它的功效，这时最好准备一些容易粘锅的菜品，放入锅里翻炒，这样才能证明它到底粘不粘锅；再如面膜，光靠我们讲述产品功效，并不能影响用户的购买决策，这时候就需要把面膜敷在脸上验证。

另外，我们也可以给产品起易于传播的一个昵称，它有两个原则，一是将产品的某个卖点与之相关联，二是要用在生活中有场景感或者画面感的通俗语言来表达。例如，资生堂的新红妍肌活精华露，光听名字有很多人不认识，但如果说出它的昵称就会立马认出——红腰子，因其瓶身呈圆润弧形，所以取名"腰子"。

10.5 知识付费：把你的专业变成一个产品

知识付费是指知识的接受者为所阅览知识付出资金的现象，其本质在于把知识变成产品服务，已实现商业价值。随着抖音、快手、微视等移动视频软件的火爆，很多做软件培训、英语培训、自媒体培训、办公软件培训等都借助短视频开启了红利变现的道路，除此之外，也有很多主播靠着自己的专业知识实现变现，如制作课程、付费直播等。

那么我们该如何实现知识付费呢？它有以下两种方式。

10.5.1 让用户变成合伙人

大多数靠知识变现的主播都是通过短视频、直播等方式引流，然后在社群中实现变现，因为一般的短视频平台都会限制账号直接营销，因此，通过短视频直接来卖课并不现实，很可能会被平台堵截。不过变现方式虽然总变，但方法是不变的，就是将用户当作自己的合伙人，让他帮助我们推销课程，成功后即可获得该笔订单返利。

例如，我们要做关于"短视频运营"的直播课，直播门票价格为159元，用户每笔订单的返利为30元，这样用户只要推销出5个人就能赚回门票钱，而且我们也能从中赚取费用，常常一个直播只需要5~10个这样的用户，就能大大加快变现速度。另外我们还可以把直播录制下来，制作为课程售卖或者当作赠品。

新世相曾经成功运营过《成为不可替代的人》这一精品课，他同样也是将用户当作合伙人，即用户只要成功分享课程，即可获得49.9元的返利，最终这一课程在短短24小时之内卖了8万份。

知识这种产品天然适合"用户合伙人"这种模式，不管是课程还是直播，投入的沉没成本是恒定的，所以用户购买得越多，我们的利润也就越多，当然如果我们自己就是课程中的讲师、专家，那么沉没成本几乎等于零。不过我们还是要将精力用在"如何持续打造优质内容"上。

10.5.2 申请版权保护

版权问题一直是视频类内容的痛点，自己辛苦制作的原创作品，经常未经允许就被随意转载，严重侵害了创作者的权益。所以版权不只是一种变现模式，也是保护自身权益的一种正当手段。一般来讲，申请登记时需要提交以下材料。

（1）申请表

①作品名称、作品类别。

②署名、完成日期、是否发表、首发日期和地点。

③作品的完成形式，主要有单独、委托、合作、职务等形式。

④作者情况、著作权人情况。

⑤申请者签章。

（2）申请者身份证明

①个人：身份证复印件。

②委托创作作品：著作权人及创作者的身份证复印件（著作权人或创作者是单位的，应提交营业执照、法人代表的身份证复印件），委托创作合同或协议的原件及复印件各一份。

③合作作品：合作者的身份证复印件（合作者如果是单位，提交内容同上），合作创作合同或协议的原件及复印件各一份。

④职务作品：作者的身份证复印件，著作权人或专有使用权人的营业

执照，法人代表身份证复印件，聘用合同及著作权归属证明原件及复印件。

（3）权利保证书

保证作品权利归申请人所有，必须由申请人签字，如果是单位还需要加盖公章。

（4）作品自愿登记申请书

①申请作品的完成时间以及由谁完成。

②作品名称。

③提出作品登记自愿申请。

（5）作品资源登记说明书

①内容简介(作品主题、中心内容，简述作品的主要特征、特点)。

②创作过程(作者身份、具体过程、申请目的、作品使用范围)。

（6）提交作品样本，缴纳登记费